Christina Grahn-Hommelsheim

und Walter Hommelsheim

ANNA LERNT SICH
SELBST ZU LIEBEN

© 2023 NEXT LEVEL Verlag / GREATOR
Alle Rechte vorbehalten
Illustrationen und Buchsatz:
www.anna-dernbach.com
Gesamtherstellung: Next Level Verlag
Druck CPI, Printed in the EU
ISBN: 978-3-949458-69-9

INHALT

VORWORT

„Es gibt Menschen auf dieser Welt, die geben dir mit Worten und Gesten so viel wertvolles in einem Augenblick, was andere ein ganzes Leben lang nicht schaffen".

Zu diesen Menschen gehören definitiv Christina und Walter.

Unsere erste Begegnung war witziger weise in meinem Wohnzimmer, denn die beiden haben mich in ihren großartigen Podcast eingeladen. Aus der geplanten gemeinsamen Stunde, wurden fünf und mein Leben entwickelte sich in eine neue Richtung.

Denn mein nächster Step wurde meine Greator Life Coach Ausbildung bei Christina und Walter. Ich durfte über ein Jahr verteilt, von den Besten der Besten lernen. Was für eine einzigartige Erfahrung. Ich klebte förmlich an ihren Lippen und war non Stop fasziniert von ihrer Energie. Sie lieben, was sie tun, und das spürt jeder der einmal etwas von ihnen gelesen, gehört oder sie live erleben durfte.

Christina und Walter haben eben diese besondere Gabe, Menschen tief in ihrem Herzen zu berühren und ihnen eine Tür zu öffnen, um näher bei sich selbst anzukommen. Das ist sicher ihr ganz persönliches Geschenk für die Welt. Was für ein großes Glück, das wir ein Stückchen davon mitnehmen dürfen. Sie teilen ihr wertvolles gesammeltes Wissen in allen ihren Projekten mit uns — und das mit einer Leidenschaft, Begeisterung und

Freude – die einfach unfassbar ansteckend und schön ist.Während unserer gemeinsamen Zeit habe ich diese zwei besonderen Persönlichkeiten noch besser kennengelernt. Da ist die lustige, immer Mädchen bleibende, bezaubernde Christina und der herzliche, weise, charismatische Walter.

Sie sind wundervolle Menschen, grandiose Coaches und Autoren, doch für mich sind sie noch mehr. Ihr seid meine liebevollen Freunde, mit eurem stets offenen Ohr.

Wie schön das, dass Leben uns zusammengeführt hat.

Ich durfte so viel von euch lernen, fühlen und wachsen.

All das darf auch Anna, unsere Heldin dieser Geschichte und du darfst sie hautnah bei ihrer Reise begleiten. „Liebe im Außen, beginnt immer mit der Liebe in dir". Mach dich gemeinsam mit Anna auf euren Weg, und finde auch du deine ganz persönlichen Antworten.

Mit diesem zauberhaften Buch dürfen wir ein weiteres Mal mit eintauchen, in die Welt von Christina und Walter.

Jetzt bleibt mir nur noch, dir, liebster Leser, eine wunderschöne Lesezeit zu wünschen.

Ein Geschenk für dich selbst.

Von Herzen,
Susan Sideropoulos

PROLOG

Der Weg zu bedingungs- und furchtloser Selbstliebe ist nicht linear. Er hat Kurven, Hügel und versteckte Irrwege. Die tauchen gerne dann auf, wenn man denkt, man hätte einen besonders schweren Abschnitt hinter sich gebracht. Doch plötzlich stellt man fest, dass man nur im Kreis gelaufen ist. Gerade diese steinigen, steilen, frustrierenden Stellen sind die, die man überwinden darf, um an sein Ziel zu kommen.

Aber verlassen wir diese Metapher mal besser, bevor sie ganz … ausgelatscht ist. Selbstliebe ist besonders einfach, wenn alles rund und nach Plan läuft, wenn die Sonne scheint und die Vögel singen. Viel herausfordernder ist es, wenn es schwierig wird. Wenn wir schwierig werden. Wenn wir schwach sind, Fehler machen, uns enttäuschen, ein Ziel nicht erreichen.

In diesen Momenten ist Selbstliebe so schwer und vor allem dann so wichtig. Die Fähigkeit, uns selbst zu lieben und so anzunehmen, wie wir eben sind, mit allen Fehlern und Schwächen, ist schwer zu erlernen. Aber leider so leicht wieder zu verlieren.

Daher ist uns dieses Buch besonders wichtig. Wir möchten dir zeigen, dass es ganz normal ist, manchmal die Liebe für sich selbst zu verlieren, solange man sich erinnert, wie und wo man sie wiederfindet.

Die Reise in ein erfülltes Leben beginnt mit dem (An) Erkennen deines Selbst.

ETWAS MUSS SICH ÄNDERN

Ich stehe am Waschbecken der Mitarbeitertoilette der Etage, auf der sich mein Büro befindet und versuche, ruhig ein- und auszuatmen. Ich bin mir nicht sicher, was in diesem Moment mit mir passiert. Meine Hände schwitzen, mein Herz schlägt wie verrückt. Gleichzeitig fühlt es sich an, als würde es in der Brust zusammengequetscht. Vielleicht muss ich mich gleich übergeben, ich bin mir nicht sicher. So habe ich mich noch nie gefühlt und gehe in meinem Kopf alle möglichen Ursachen durch. *Habe ich was Falsches gegessen? Einen Schlaganfall? Herzinfarkt? Kolossale Verstopfung?* Vor meinen Augen beginnt es zu flimmern, ich muss mich dringend hinsetzen, bevor ich hier auf den Marmorimitat-Fliesen zusammenbreche. Ich schaffe es gerade noch in eine Kabine, als ich merke, dass meine Knie endgültig nachgeben. Während ich auf dem Toilettendeckel zusammensacke, versuche ich meine Atmung wieder unter Kontrolle zu bringen.

WAS PASSIERT HIER?
WAS IST NUR MIT MIR LOS?

Ich habe jetzt keine Zeit, um krank zu werden. Das passt nicht in meinen Terminplan!
Ich versuche mich darauf zu konzentrieren, meine Atmung wieder zu beruhigen, gleichzeitig gehe ich auf der Suche nach einer Ursache den heutigen Tag durch. Als ich eine Stunde vor meinem eigentlichen Arbeitsbeginn

ins Büro kam, war meine Kollegin schon da. Es gibt Gerüchte, dass wieder Stellen abgebaut werden sollen, also erhöhen gerade alle Mitarbeiter ihre Präsenzzeit. Meiner Kollegin geht es im Moment auch nicht so gut, wegen ihres Magengeschwürs darf sie keinen Kaffee mehr trinken und Kamillentee hat einfach nicht den gleichen Kick am Morgen. Bisher war also alles ganz normal, dieser Anfall kam vollkommen unangekündigt. Ich habe mich dann auf ein Meeting mit meinem Chef vorbereitet, das ich gleich haben werde und ich weiß, dass er nicht zufrieden ist. Er ist eigentlich nie zufrieden. Er ist sogar ein ziemlicher Choleriker und hat auch schon mal eine Tür beim Zuknallen zerbersten lassen oder Auszubildende zum Weinen gebracht. Einige meiner Kollegen haben deswegen schon gekündigt. Aber für mich sind seine Wutausbrüche kein Problem, ich bin mit cholerischen Männern aufgewachsen, mein Chef hat mir bisher keine Angst gemacht. Warum sollte er das jetzt auf einmal?

Dennoch, bei dem Gedanken an das Meeting wird mir plötzlich schlecht und dieses Engegefühl in meiner Brust breitet sich wieder aus. Ich gehe innerlich alles, was er mir heute vorwerfen könnte, durch; bereite mich auf die verschiedensten Gründe, weswegen er gerade wütend sein könnte, vor, und fragte mich, bei welchen Punkten er recht hat. Die Fehler könnte ich direkt einräumen und so das Meeting, inklusive Schreierei, etwas verkürzen.

Also, ich schlafe schlecht in letzter Zeit, daher bin ich unkonzentriert und so passieren mir öfter Fehler. Natürlich ist er deswegen sauer. Außerdem mache ich momentan

weniger Überstunden, weil ich so müde bin. Das stört ihn auch. Seiner Meinung nach sollten Mitarbeiter, die nicht zu Überstunden bereit sind, am besten sofort kündigen. Ich möchte aber nicht kündigen. Ich brauche diesen Job. Nicht nur wegen des Geldes, aber ich habe schon so viel Zeit und Energie hier hineininvestiert! Mein ganzer Körper beginnt zu zittern. Die Tränen, die mein Gesicht herunterlaufen, spüre ich erst, als sie auf meine Hände tropfen. Die Schluchzer kämpfen ihren Weg nach oben, während ich versuche, sie zurückzuhalten. Dabei habe ich nur einen einzigen Gedanken in meinem Kopf. Ich will hier nicht mehr sein. Ich bin nicht mal sicher, was genau ich jetzt meine. *Diese Toilette, in die jederzeit eine Kollegin hereinkommen könnte? Diesen Job? Dieses Leben? Diese Welt? Alles davon?*
Ich bin mir nicht sicher. Aber diese Worte hämmern in meinem Kopf:

ICH! WILL! HIER! NICHT! MEHR! SEIN!

Sie toben wie ein gefangenes Tier und nur mit Mühe unterdrücke ich einen lauten Schrei. Ich habe unvermittelt ein neues Verständnis für Kleinkinder, die sich öffentlich schreiend auf den Boden werfen. Genau dieses Bedürfnis spüre ich auch gerade, mich einfach hinzuwerfen und zu schreien! *Ich will hier nicht mehr sein!*
Keine Ahnung, woher dieser Gedanke gerade kommt, ich sollte doch zufrieden sein. Ich verdiene in diesem Job gutes Geld, ich habe tolle Kollegen und eine schö-

ne Wohnung. Natürlich ist mein Job nicht immer super, aber alles hat seine Schattenseiten, oder? Wirklich Spaß macht mir der Job nicht, aber Arbeit ist keine Freizeit, das sagt man doch so, oder? Natürlich arbeite ich so viel, dass ich außer meinen Kollegen gar keine Freunde mehr habe, weil ich nie Zeit habe. Aber meine Kollegen, meine Arbeitsfreunde, verstehen wenigstens, wovon ich spreche, wenn wir abends über die Arbeit reden.

Ich will hier nicht mehr sein. Was für ein alberner Gedanke. Ich kann hier jetzt nicht weg. Ich habe ein Meeting. Die Verkaufszahlen des letzten Quartals versenden sich nicht von alleine und die Leute aus dem Marketing brauchen die dringend. Ich habe keine Zeit, jetzt auszufallen.

Ich kämpfe die Tränen hinunter, atme tief durch und sage mir, dass ich aufhören soll, mich so kindisch anzustellen. Auf der Toilette sitzen und weinen, das ist doch lächerlich. Ich atme ein und aus, bis ich wieder ruhig bin. Dann lausche ich. Alles um mich herum ist leise, ich bin alleine hier. Auch in mir wird alles etwas leiser. Keine Tränen mehr. Gut so. Es reicht. Ich schleiche mich aus der Kabine, schaue in den Spiegel und bin erleichtert. Man sieht mir kaum an, dass ich eben die Fassung verloren habe. Sehr gut. Dann ist es fast so, als wäre es nie passiert. Ich kann jetzt da rausgehen und diesen kleinen Anfall einfach vergessen.

∞

Die Sonne, die auf meine Nasenspitze scheint, ist wunderbar warm. Jede Berührung der Strahlen sauge ich auf wie eine verdurstende Pflanze Wasser aus dem Boden. Der Lavendel, der neben der Terrasse wächst, duftet und ich höre das geschäftige Gesumme der Bienen und Hummeln darin. Ich wünschte, ich könnte einfach für immer hier sitzen und die Wärme, den Duft, das Gesumme genießen.

Der Gedanke, diesen Ort irgendwann wieder verlassen zu müssen, verdirbt mir fast die Freude daran, hier zu sein. Vollkommen kontraproduktiv. Ich weiß. Ich arbeite daran. Meditieren soll mir helfen, wieder zur Ruhe zu kommen. Also wieder durchatmen und den Moment lassen, wie er ist. Den Moment annehmen, meine Umgebung, die Sonne, den Lavendelduft, das Bienengesumme genießen. Nur sein. Nicht daran denken, dass ich total nutzlos hier herumsitze, während andere meine ausgefallene Arbeitskraft ersetzen müssen.

Wie lange ist es her, seitdem ich das letzte Mal nur saß und meine Umgebung genoss? Es will mir nicht einfallen. Das bedeutet wohl – zu lange! Also, wie gehabt: einatmen, ausatmen, den Moment annehmen. Aber mein Kopf gibt keine Ruhe. Gedanken blitzen auf, wie Neonreklamen an einem ansonsten dunklen Ort. Mein Gehirn ist Las Vegas, während ich versuche, die Wüste von Nevada zu sein. Ich gebe mir Mühe, nicht weiter über die aufblitzenden Leuchtreklamen nachzudenken, aber ich spüre, wie ich immer wieder abschweife. Habe ich überhaupt Zeit, tatenlos in der Sonne zu sitzen? Sollte ich nicht lieber etwas Produktives tun? Den Abwasch vielleicht? Nein! Tief einatmen – ausatmen und auch diese Gedanken vorbeiziehen lassen. Also versuche ich, diese neon-grellen Gedanken kommen und wieder gehen zu lassen. Denn ich muss dringend lernen, zur Ruhe zu kommen. Ich muss jetzt endlich Entspannen lernen. Wenn man, so wie ich, die Diagnose „Burn-out" erhält, kommen damit auch sofort viele sinnvolle und noch viel mehr nicht so sinnvolle Tipps, wie man denn sein Leben ändern soll, um wieder „fit" zu werden. Denn darum geht es ja. Wieder funktionieren, wieder leisten, wieder Dinge tun können. Bloß nicht anderen zur Last fallen, bloß nicht schwach sein, bloß nicht ausgetauscht werden, denn das geht ganz schnell. Höher, schneller, weiter, sonst wird man überholt und ausgetauscht. Selbstliebe und Self-Care waren in den letzten Monaten Begriffe, die durch die

Gegend und mir an den Kopf geworfen wurden, wie Kamelle am Rosenmontag in Köln. Aber was das tatsächlich bedeutet, konnte mir bisher niemand so wirklich erklären. Wie absurd ist es denn, jemandem, der
so ausgebrannt ist, dass er morgens nicht
mehr aufstehen kann zu sagen „Gönn dir öfter mal eine Stunde Self-Care, so ein Schaumbad oder so und dann wirds wieder!"

Das ist doch totaler Quatsch – das kann ich mit Gewissheit sagen, denn ich habe es probiert! Wirklich jeden Tipp, aber ich habe mich nicht besser gefühlt, oder ausgeruhter. Ich werde wieder wütend, die Neonschild-Gedanken in meinem Kopf leuchten heller denn je. Einatmen – ausatmen. Gedanken ziehen lassen.

Die meisten dieser tollen Tipps, die ich dann ausprobiert habe, waren Quatsch, gar nicht anwendbar, haben mich überfordert oder ergaben in meinem Kopf keinen Sinn. Ein paar wenige versuche ich aber weiterhin umzusetzen, wie das Meditieren. Ich habe außerdem wieder angefangen, Tagebuch zu schreiben. Das hat mir mit 13 auch schon gut getan und nun schreibe ich auch jeden Tag auf, wofür ich dankbar bin und wie es mir geht. Also fast jeden Tag. An manchen Tagen habe ich nicht das Gefühl, für etwas dankbar sein zu können. Dann schreibe ich andere Sachen. Denn nach wie vor ist Schreiben für mich eine Möglichkeit, meinen Kopf zu sortieren. Einatmen – ausatmen. Gedanken ziehen lassen.

Aktuell bin ich am dankbarsten dafür, bei meiner Oma bleiben zu können. Ich sitze hier auf ihrer Terrasse, denn ich wollte an den schönsten und friedlichsten Ort fliehen, den ich kenne. Da fiel mir kein besserer Platz ein als das kleine Häuschen meiner Oma. Sie bewohnt es inzwischen mit ihrer jüngeren Schwester Inge, seitdem mein Opa Günther nicht mehr lebt. Ich habe nicht eine einzige schlechte Erinnerung an diesen Ort, weil sie alles in einen besonderen, schönen Moment verwandeln konnte. Sogar damals in der achten Klasse, als Jonas unerwartet mit mir Schluss machte und ich heulend bei meiner Oma Zuflucht suchte. Wir saßen danach zusammen auf der Couch, aßen Eis und ich durfte das erste Mal mit ihr Wein trinken. Auch jetzt ist dieses Haus mein Zufluchtsort. Den brauchte ich auch nach den letzten Monaten.

Nachdem ich nicht mehr arbeiten konnte, hat sich viel verändert. Es gibt diesen Spruch „Wenn du jemanden wirklich kennenlernen willst, lass dich von ihm scheiden." Ich würde jetzt sagen, „Wenn du wissen willst, wer dich wirklich mag, hör für eine Weile auf zu funktionieren." Meine Kollegen, von denen ich dachte, sie wären meine Freunde, mit denen ich sogar meine Feierabende verbrachte, redeten nicht mehr mit mir. Sie mussten ja schließlich die Arbeit erledigen, die ich nicht mehr machen konnte. „Hast du eigentlich eine Ahnung, was es für mich bedeutet, dass du keine Lust mehr hast zu arbeiten?" – das fragte mich eine meiner liebsten Kolleginnen, als ich sie weinend anrief. Auch andere Freundinnen meldeten sich nach einer Weile nicht mehr. Ich konnte ja nicht mehr wie früher mit ihnen ausgehen und Spaß haben. Es dauerte eine Weile, bis ich verstand, dass das nie Freunde waren, sondern nur Menschen, mit denen ich Zeit verbrachte, weil sie gerade da waren. Mein Freund hat mich nach zwei Wochen kompletter Unfähigkeit, mit der Situation umzugehen, verlassen. Ich würde ihn nur runterziehen, sagte er. Auch das war hart für mich.

Inzwischen weiß ich, dass es mir ohne diese Energiesauger besser gehen sollte, aber ich warte noch immer darauf, dass sich dieses Wissen emotional niederschlägt. Die letzten Monate waren schlimm und zwischendurch hatte ich nicht mehr das Gefühl, dass es irgendwann besser werden kann. Es wurde ja zunächst auch nicht besser. Nach der ersten Heulattacke auf dem Büroklo wurde es sogar sehr schnell sehr viel schlimmer. Eines Tages schaff-

te ich es morgens nicht mal mehr aus dem Haus. Letztendlich verlor ich meinen Job, meinen Partner – alles,
von dem ich dachte, es sei wichtig. Ich habe meine Wohnung aufgeben müssen, manche Möbel verschenkt oder
verkauft, andere eingelagert und wohne jetzt bei meiner
Oma in der Einliegerwohnung. Ist es eigentlich besser
oder schlimmer, mit 35 bei seiner Oma zu wohnen, statt
wieder bei seinen Eltern einzuziehen?

Wie auch immer, jetzt bin ich hier. Aber ich habe noch
immer Probleme, zur Ruhe zu kommen. Mir macht es
Angst zu sehen, dass ich in meinem Leben anscheinend
nichts erreicht habe. 35, ohne Job, ohne Beziehung, ohne
Perspektiven. Ich hänge vollkommen in der Luft und das
macht mir Angst. Tagsüber geht es, wenn ich hier im Garten meiner Oma sitze und mich ein bisschen zu sehr ver-
wöhnen lasse. Aber nachts habe ich das Gefühl, von dieser Angst gefressen zu werden. Ich schlafe noch immer
schlecht.

Eine weiche Hand legt sich auf meine Wange. „Na Kind,
wovon träumst du gerade?" Ich öffne die Augen und
atme aus. Meine Oma küsst mich auf den Scheitel und
stellt ein Glas Eistee auf den Tisch vor mir ab. In ihrem
bunten Kaftan, der in der leichten Spätsommerbrise
weht, schwebt sie förmlich um den Tisch herum, setzt
sich mir gegenüber und schiebt ihre riesige Sonnenbrille auf die Nasenspitze, um mich genauer anzusehen. Ihre
Armbänder klimpern bei jeder Bewegung. Sie betrachtet
mich prüfend, während ich nur schief lächle und mit den
Schultern zucke.

17

„Ich versuche gerade, einfach mal an nichts zu denken."

„Und klappts?"

„Nicht wirklich."

„Viel wichtiger ist mir aber, wie es dir jetzt geht?"

„Mir geht es besser", sage ich sofort und frage mich erst danach, ob das stimmt. Ihr Blick verrät mir, dass sie sich auch nicht sicher ist. Natürlich nicht. Sie kennt mich. Meine Oma schiebt sich ihre Sonnenbrille wieder vor die Augen und lehnt sich in ihrem Stuhl zurück, dabei lässt sie ihren Blick auf mir ruhen. Glaube ich jedenfalls, ich kann es durch die Sonnenbrille nicht deutlich sehen.

„Du hast keine Panikattacken mehr?"

„Nein, seit einer Weile schon nicht mehr. Ich glaube, ich kann mir bald wieder einen neuen Job suchen, das wäre auch wichtig, bevor mein Erspartes völlig aufgebraucht ist."

Sie schweigt. Aber ich sehe, wie es hinter ihren Augen arbeitet.

„Weißt du, mein Schatz, ganz oft sind körperliche Symptome nur ein Zeichen für ein tieferliegendes Problem."

Es ist nicht so, als wäre mir das nicht auch klar. Aber solange ich meine Tabletten gegen Angststörungen nehme, geht es mir ja gut. „Das hast du mir schon mal gesagt."

„Ja, und offensichtlich muss ich es nochmal sagen. Solange du nicht verstehst, was dein Problem ist, wird sich nichts ändern. Dann hast du in deinem nächsten Job wieder genau den gleichen Salat."

Ich nicke nur stumm. Mir ist klar, dass sie recht hat, aber wie lange soll ich denn noch ohne Arbeit bleiben? Ich muss doch wieder etwas Sinnvolles tun! Oder soll ich etwa ewig in ihrer Gästewohnung bleiben? Das kann sie doch nicht ernsthaft wollen.

„Es gibt ja Gründe dafür, dass du so ausgebrannt bist. Die solltest du dir anschauen. Vor allem solltest du dich fragen, woher dein Wunsch kommt, es allen recht zu machen."

Ich bin verwirrt. Diese Aussage kommt für mich vollkommen aus dem Nichts. Wie kommt sie darauf, dass ich es allen recht machen will? Doch bevor ich antworten kann, schwingt die Tür zum Wohnzimmer auf und eine elegante, feingliedrige Frau mit einer riesigen Präsenz verwandelt kurz die Terrasse in einen luftleeren Raum. Meine Tante Inge, eigentlich Großtante, schwebt hinaus und auf uns zu. Sie ist so ziemlich das Gegenteil ihrer großen Schwester. Inge ist klein, zierlich, mit der Attitüde eines Hollywoodstars aus den 30er oder 40er Jahren. Für mich war sie immer die glamouröseste Person auf der Welt. Ich habe sie wahrscheinlich noch nie ohne Schmuck und roten Lippen gesehen.

„Na, meine Lieben", ihre Stimme ist tief und rauchig, „Worum geht es gerade?" Sie setzt sich schwungvoll zu uns an den Tisch und wirft sich ihre langen, pechschwarzen Haare über die Schulter.

„Ich habe unser Goldstück hier gerade gefragt, woher dieser Drang kommt, immer nützlich sein zu müssen und alle um sich herum zwanghaft glücklich machen zu wollen."

„Oh, das ist eine gute Frage, das interessiert mich auch

brennend. Also Darling, erklär doch mal." Inge grinst, als kenne sie die Antwort schon längst, wolle mir aber die Möglichkeit geben, auch endlich darauf zu kommen. Während ich grübele, zündet sich Inge eine Zigarette an, an deren Filter direkt roter Lippenstift kleben bleibt.

„Na ja, es ist doch ganz normal, dass man die Menschen um einen herum glücklich machen will, oder?" Etwas Besseres fällt mir nicht ein. Je glücklicher ich Menschen um mich herum mache, desto besser fühle ich mich. Geht das nicht jedem so?

„Natürlich. Aber nur, solange es einem dabei auch selbst gut geht." Tante Inge schaut mich dabei so intensiv an, dass ich spüre, wie ihre stahlblauen Augen Löcher in meine Stirn brennen, während ich versuche, ihrem Blick auszuweichen. Meine Oma beugt sich über den Tisch und legt liebevoll ihre Hand auf meine.

„Das ist wie in einem Flugzeug. Du musst dir die Sauerstoffmaske erst selbst aufziehen, bevor du anderen helfen kannst. Oder, wie meine Mutter immer sagte – aus einer leeren Flasche kannst du niemandem einschenken."

Ich nicke stumm. Sie hat recht. Das weiß ich. Trotzdem bin ich mir nicht sicher, was ich darauf antworten soll. Und wo es hingehen soll mit mir, weiß ich noch viel weniger.

„Was möchtest du denn? Was ist dein Traum? Wo soll dein Leben hingehen?"

Ich kann Inges Fragen nur mit einem Schulterzucken beantworten.

„Vielleicht sind das die wichtigsten Fragen, die du erstmal für dich beantworten solltest.

WO WILL ICH HIN?, WO STEHE ICH JETZT?
und
WAS AUS MEINER VERGANGENHEIT HÄLT MICH DAVON AB?,

verstehst du das, Anna?" Oma Evas Hand streichelt meine sanft. Ich habe ein bisschen das Gefühl, es ist kein Zufall, dass meine Oma und Inge mich jetzt und hier mit ihren Fragen löchern. Es fühlt sich fast einstudiert an. Aber ich spiele mit. Sie meinen es gut mit mir, das weiß ich und schaden kann es mir ja nicht. Mal sehen, was am Schluss dabei rauskommt. Letztendlich muss es ja irgendwo hingehen. Nicht nur mit diesem Gespräch. sondern mit mir.

„Zuck nicht nur mit den Schultern. Also", Inge schaut mich eindringlich an, „wenn du jetzt sofort eine vollkommen egoistische Entscheidung treffen müsstest, welche wäre das? Wenn dir jetzt jemand eine Pistole auf die Brust drückt und verlangt, du solltest augenblicklich tun, was du schon immer tun wolltest, was würdest du dann machen? Wenn Geld keine Rolle spielen würde, wenn dir jede Möglichkeit offen stünde?"

„Nach Rom reisen!" Es platzt einfach aus mir raus. „Ich wollte schon immer mal nach Rom!"

„Dann fahr nach Rom!", Inge haut lachend mit der Hand auf den Tisch, dass die Teegläser klirren.

„Ich kann doch jetzt nicht einfach nach Rom fahren!"

„Warum nicht? Du hast keine Wohnung, keinen Job, keinen Freund." Wow, Danke Oma. Den Schlag in die Magengrube habe ich gerade noch gebraucht! „Du bist jetzt frei, schnapp dir ein Auto und fahr los!" Inge schaut mich an, als wäre das die normalste Sache auf der Welt, einfach alles stehen und liegen zu lassen, um irgendeinem Jugendtraum hinterherzujagen. Sollte ich ihr sagen, dass dieser vermeintliche Vorteil aktuell gerade Grund für mich ist, mich wirklich mies zu fühlen?

„Wo soll ich denn jetzt ein Auto herbekommen? Das kann ich mir doch gar nicht leisten. Außerdem muss ich mir wieder einen Job suchen und …"

„Schluss mit den Ausreden. Du bist nur einmal jung. Dein Körper hat dich jetzt zu einer Zwangspause verdonnert und ich werde nicht mit ansehen, wie du dich mit Medikamenten vollpumpst, um einem Ideal zu entsprechen, das doof ist und dir offensichtlich nicht guttut!" So streng habe ich meine Oma noch nie erlebt. Nicht mal damals, als ich Kirschen aus dem Garten ihres Nachbarn geklaut habe, hat sie so mit mir geschimpft. Ich bin perplex.

„Wenn du keine Lust hast, nach Rom zu fahren, dann ist das auch okay. Aber es ist jetzt an der Zeit etwas zu tun, das dich glücklich macht. Damit du wieder bei dir sein kannst."

Oma nimmt mich an die Hand und zieht mich vom Stuhl hinter sich her, durch den Garten zu ihrer alten Garage. Jedweder Protest meinerseits wird ignoriert und Tante Inge läuft hinter mir her, als wolle sie verhindern, dass ich ausbüxe. Tatsächlich würde ich mich mit ihr noch weniger anlegen wollen, als mit Oma. Als wir an der grob aus Holzlatten zusammengehauenen Garage ankommen, schaue ich mich um. In dieser Ecke des Gartens bin ich so gut wie nie gewesen, seitdem mein Opa nicht mehr lebt. Früher hat er hier mit mir Sachen geschnitzt und wir haben das Vogelhaus zusammen gebaut, das noch immer in der Kastanie vor der Garage hängt. Bei der Erinnerung an ihn, die Nachmittage, die wir zusammen bastelten, werde ich wehmütig. Der Eingang der Garage ist gar nicht so zugewuchert, wie ich es erwartet hätte. Die Tür weigert sich zunächst, öffnet sich dann aber doch unter lautem Protest-Quietschen. Als sich der Staub gelegt hat und meine Augen sich an die Dunkelheit um mich herum gewöhnt haben, leuchtet es rot vor meinen Augen. Vor mir steht ein alter VW Käfer. Strahlend rot und schrecklich staubig.

„Das ist Emma", stellt Oma mir ihr Auto vor. „Ich lasse sie gerne für dich wieder herrichten. Damit haben Inge und ich unseren ersten Trip durch Frankreich unternommen. Wenn du magst, können Emma und du gemeinsam durch Italien fahren. Nach Rom oder Venedig oder Siena oder wohin auch immer du möchtest."

Ich öffne den Mund, um zu protestieren und schließe ihn sofort wieder. Es ist also wohl beschlossen.

Ich fahre nach Italien.

DIE REISE DURCH ITALIEN

Danach geht alles ganz schnell und zugleich furchtbar langsam. Ich spüre, wie sehr ich mich auf diese Reise freue, auch wenn sie mich natürlich total überrumpelt hat. Auch Oma und Tante Inge haben offensichtlich riesigen Spaß an all den Vorbereitungen meiner Reise. Oma fährt ihr kleines rotes Auto Emma zu einer Werkstatt in der Nähe und lässt sie wieder herrichten. Für ein Auto, das so lange stand, geht das erstaunlich schnell. Tante Inge erzählt mir beim Kofferpacken von ihrer gemeinsamen Reise nach Frankreich. Sie waren auf dem Weg nach Paris, als sie einen Anhalter mitnahmen. Leider (wie Tante Inge sagt) war er kein charmanter Franzose. Er hieß Günther, kam aus Bottrop, hatte laut Inge einen schrecklichen Haarschnitt und trotz allem verliebte sich meine Oma in ihn. „Es war schrecklich", seufzt Tante Inge, „es hätte unser Sommer werden sollen, stattdessen musste ich mir die ganze Zeit das Geturtel von den beiden ansehen. Nichts fühlt sich schöner an und sieht gleichzeitig furchtbarer aus, als frisch verliebt zu sein. Wahrscheinlich ist es nochmal schlimmer, wenn es die eigene Schwester ist. Na ja, wenigstens eine gute Sache ist dabei herausgekommen." Sie hinterlässt einen roten Lippenstiftabdruck auf meiner Wange.

Ich mochte Opa Günther, er war einer der liebsten Menschen auf der Welt, jedenfalls in meinen Erinnerungen. Aber aus der Sicht der kleinen Schwester, die auf dem Weg in ein Abenteuer war, kann ich Inges Enttäuschung schon nachvollziehen. Anstatt mit ihrer Schwester ein neues Land zu erkunden, war sie ganz plötzlich und unerwartet das „fünfte Rad am Wagen.". Mit einem Augenzwinkern verrät sie mir allerdings, dass sie dann den romantischen Spaß für beide Schwestern hatte. Ich kenne einige Geschichten aus Inges Jugend, nach ihrer Ausbildung als Schneiderin lebte sie eine Weile in Paris, was dazu führte, dass ihre Mutter wohl jahrelang wütend auf sie war. Sie hat mir mal nach einem Glas Rotwein zu viel von einigen ihrer Eskapaden im Künstlerviertel Montmartre erzählt. Ich hätte ohne diese Information leben können. Es gibt Bilder, die ich nie wieder aus meinem Kopf bekommen werde. Meine Tante war schon echt 'ne Wilde, denke ich so bei mir und frage mich, ob ich vielleicht ein bisschen was von ihrer Attitüde gebrauchen könnte. Ich bin da nämlich ziemlich weit weg von.

Ich bin wahrscheinlich sogar ziemlich langweilig.

Als ich mich endlich auf den Weg mache, spüre ich die Aufregung in meinem Magen, meiner Brust … Eigentlich überall. Gestern Abend sind Oma, Tante Inge und ich meine Route noch einmal durchgegangen, damit ich auch sicher weiß, wo ich hin muss. Trotzdem konnte ich kaum schlafen vor Aufregung.

∞

Ich spüre, wie die Müdigkeit sich in meine Glieder schleicht. Ich sollte dringend eine Pause machen. Die Vorstellung, zusammengerollt auf dem Rücksitz des Käfers irgendwo am Straßenrand zu nächtigen, ist allerdings nicht sonderlich verlockend. Wieder sinken meine Augenlider herab. Ich werde doch irgendwo anhalten müssen. Wenigstens kurz. Während ich diesen Gedanken in meinem Kopf formuliere, wird mir klar, dass meine Augen geschlossen sind. Sie können es zwar nicht lange gewesen sein, aber als ich sie mit Gewalt wieder aufreiße, sehe ich bereits den großen Stein am Straßenrand, auf den ich zufahre. Ausweichen ist unmöglich. Ich trete auf die Bremse, dennoch presst mich der Aufprall zuerst gegen das Lenkrad, das sich mit Gewalt in meine Rippen drückt und alle Luft aus meinen Lungen zu pressen scheint. Danach schiebt er mich zurück in meinen Sitz. Mein Sichtfeld verengt sich und ich versuche verzweifelt, wieder einzuatmen. Es wird dunkel um mich herum und die Zeit scheint für kurze Zeit stehenzubleiben. Plötzlich reißt jemand die Fahrertür auf. Ich kann die Person nicht sehen, noch immer scheint es mir unmöglich zu sein, einzuatmen. Der Sicherheitsgurt wird gelöst, eine Hand an meiner linken Schulter, die andere schiebt sich unter meinen rechten Arm und ich werde vorsichtig aus dem Auto gezogen, während ich noch immer verzweifelt nach Luft schnappe.

„Señora?" Die Stimme gehört einem Mann, stelle ich fest. Doch mein Sichtfeld ist so eng, dass ich ihn nicht sehen kann. Alles, was ich sehe, ist der wolkenlose norditalienische

Himmel über mir. Ich wollte hinter Mailand schon eine Übernachtungsmöglichkeit suchen, jetzt bin ich kurz vor Parma. Ich hätte einfach früher anhalten sollen.

„Können Sie mich hören?" Er spricht also deutsch, wahrscheinlich hat er mein Nummernschild gesehen. Ich nicke matt. „Ich werde sie jetzt abtasten, wenn ihnen etwas wehtut, machen sie sich bemerkbar!" Es reicht gerade noch, leise zu stöhnen. Seine Hände tasten vorsichtig meine Knöchel, Beine, dann meine Rippen und meinen Nacken ab. Mir fällt auf, dass er dabei sehr umsichtig ist und sich scheinbar Mühe gibt, mich nicht auf eine Art zu berühren, die übergriffig wäre. Wie schön. Das hilft mir, mich sicher zu fühlen und etwas zu entspannen. Ich merke sofort, wie sich meine Atmung etwas beruhigt.

„Sie scheinen nicht verletzt zu sein. Ich richte sie jetzt langsam auf, damit sie besser Luft bekommen."

Als ich sitze, geht es tatsächlich besser. Langsam atme ich

wieder normal und kann meinem Helfer ins Gesicht sehen. Leuchtend grüne Augen zwischen gebräunter Haut und Lachfältchen, darüber blonde Dreadlocks in einem Dutt aufgetürmt. Sein Oberkörper steckt in einem aggressiv bunten Hemd. Hätte ich nicht bereits Probleme zu atmen, wären sie spätestens beim Anblick dieses Musters eingetreten.

„Danke!", presse ich heraus. Dann fährt es mir eiskalt in die Magengrube. „Das Auto!", stammele ich. Für mehr reicht es noch nicht. Aber ich versuche aufzustehen, um mir den Schaden anzusehen.

„Hey, hey", er drückt mich vorsichtig wieder auf den Boden, „bleiben sie sitzen. Ich rufe einen Freund an, der kümmert sich um ihr Auto. Wichtig ist, dass sie jetzt hier erstmal langsam machen."

Ich sinke zurück während er aufsteht, sein Handy aus der Tasche zieht und mit jemanden auf Italienisch redet. Mein Brustkorb tut weh. Ich habe Omas Käfer zu Schrott gefahren. Ich hätte tot sein können. Omas Käfer, mit all den wertvollen Erinnerungen darin, den sie 50 Jahre lang aufgehoben und gepflegt hat – ich habe ihn kaputt gemacht. Zum Glück bin ich nicht verletzt.

∞

Am nächsten Morgen wache ich in einem weichen Bett auf. Carl, so heißt mein Retter, fuhr mit mir zu seinem Freund Gianni, nachdem er sicherstellte, dass ich mich nicht verletzt hatte. Gianni besitzt eine Autowerkstatt in einer Kleinstadt, von der ich noch nie vorher gehört habe, ein paar Kilometer vor Parma. Gianni bot mir auch direkt eines seiner Fremdenzimmer an. Jetzt liege ich hier und schaue aus dem kleinen Fenster gegenüber in den blauen Himmel. Ähnlich wie gestern. Aber heute fühle ich mich ganz anders. So gut wie schon lange nicht mehr, wenigstens im ersten Moment. Ich habe wunderbar geschlafen und fühle mich entspannt. Aber sobald ich an Omas Auto denke, spüre ich sofort einen großen Stein in meinem Magen. Es sah schlimm aus. Ich hoffe, Carls Freund Gianni bekommt den Käfer wieder hin. Ich wüsste sonst nicht einmal, wie ich wieder nachhause kommen soll. Vielleicht mit dem Zug? Gianni ist ein kleiner, drahtiger Mann mit Salz und Pfeffer Haaren irgendwo zwischen 40 und 60 Jahren. Er begrüßte mich gestern höflich, liebevoll und fuhr dann mit seinem jüngeren Kollegen los, um mein Auto abzuschleppen. Ich habe nicht einmal mehr mitbekommen, wie sie zurückkamen, denn ich fiel einfach in mein Bett und schlief sofort ein.

Während ich mich in der Morgensonne strecke, klopft es an meiner Tür. Carl bringt mir Frühstück und besteht darauf, mich nochmal nach Verletzungen zu untersuchen. Seine strahlend grünen Augen inspizieren meine Gelenke, gleichzeitig fühlt es sich so an, als könnte er mir direkt in den Kopf schauen. Mir tut noch immer der Brustkorb weh, wenn ich mich zu schnell bewege, aber ansonsten scheint alles in Ordnung zu sein. Ein Glück!

„Was ist mit dem Auto?", frage ich ihn, als er mir zufrieden absolute Unverletzheit attestiert.

„Dem geht's wohl nicht ganz so gut wie dir!", antwortet er

achselzuckend. Ich bestehe darauf, nach dem Auto zu sehen, bevor ich etwas esse, woraufhin Carl mir erklärt, dass das Frühstück ja schon mal hier sei und es total Quatsch wäre, daran vorbei zur Werkstatt zu gehen und dann wieder hierher zurück. Ich trinke also meinen Kaffee und beiße in das Cornetto, das Carl mitgebracht hat.

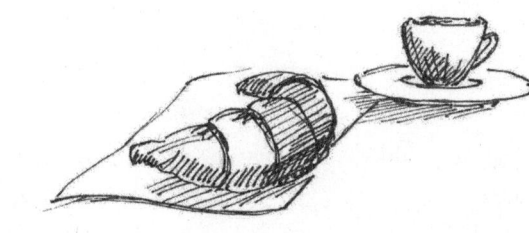

Eigentlich frühstücke ich nicht, aber diese italienische Croissant-Variante ist wahrscheinlich das Beste, was ich je gegessen habe. Ich fühle mich wunderbar – bis es Zeit ist, in die Werkstatt zu gehen. Ich traue mich kaum, einen genauen Blick auf die Front des kleinen Käfers zu werfen. Die riesige Beule an der Front ist aber nicht zu übersehen. Mir steigen sofort wieder die Tränen in die Augen. Gianni legt mir seine Hand auf die Schulter. Sie ist riesig für einen Mann seiner Größe, die Fingerkuppen sind schmutzig und die Haut rissig. Man sieht seinen Händen an, dass er viel mit ihnen gearbeitet hat. Er sagt nichts, er klopft mir nur tröstend auf die Schulter und wendet sich dann an Carl. Mein Italienisch ist nicht gut genug, um zu verstehen, was er ihm sagt, aber für mich klingt es nach „Totalschaden". Mindestens.

„Ich bin so dumm! Warum bin ich nicht einfach früher

irgendwo rechts ran gefahren? Jetzt ist Omas Auto vollkommen hinüber", schimpfe ich vor mich hin.

Carl schaut mich an und zieht nur eine Augenbraue hoch. Ich wische mir mit den Händen übers Gesicht. Einerseits sind mir meine Tränen peinlich, aber mir ist es gleichzeitig noch peinlicher, so einen dummen Fehler gemacht zu haben.

„Ich könnte mich selber boxen! Meine Oma leiht mir ihr Auto, das sie so viele Jahre gehegt und gepflegt hat und ich setze es nach zwei Tagen vor einen Felsen."

„Ja, du bist schon ziemlich dumm", höre ich Carl neben mir sagen. Ich bin perplex. Er kennt mich doch gar nicht. Ich starre ihn an und er starrt zurück.

„Was denn? Wenn du so mit dir redest, dann kann ich doch auch so mit dir reden, oder?"

Ich bin weiterhin sprachlos, auch weil ich glaube, dass er recht hat.

„Wow, du wehrst dich nicht einmal?"

„Wogegen soll ich mich denn wehren? Du hast doch recht und ich sehe es genau so." Ich habe das Gefühl, alle Energie ist aus meinem Körper gewichen. So habe ich mich die ersten Wochen bei Oma gefühlt. Als müsste ich die nächsten Jahre in Embryonalstellung im Bett liegen bleiben. Es ist wieder da und ich möchte einfach nur weinend auf dem Boden zusammensinken.

„Meinst du nicht, deine Oma wird erleichtert sein, dass dir nichts passiert ist? Glaubst du wirklich, das Auto ist ihr wichtiger als du?" Carl klingt regelrecht entrüstet.

„Nein, ach, keine Ahnung."

„Keine Ahnung? Ist das dein Ernst? Ein wildfremder Typ beleidigt dich und du stimmst ihm auch noch zu?" Er klingt richtig aufgebracht. Gianni ruft ihm etwas zu, während er sich über die Motorhaube am Heck des Autos beugt. Carl winkt nur ab.

„Was hat er gesagt? Es ist ein Totalschaden, oder?"
Er schaut mich wieder ungläubig an, fast so, als würde ich ihn persönlich beleidigen. „Nein. Gianni spricht kein Deutsch und hat mich gefragt, warum ich so wütend klinge." Er ruft Gianni noch immer aufgebracht eine Antwort zu, woraufhin dessen Kopf aus dem Auto auftaucht, wie der eines Erdmännchens und Carl wild gestikulierend antwortet. Ich schaue ihn fragend an und ärgere mich, dass ich nicht mehr Zeit darauf verwendet habe, Italienisch zu lernen. „Er sagte, ich solle netter zu dir sein."

„Na, da stimme ich ihm zu. Ich glaube, ich mag ihn lieber als dich."

„Das höre ich öfter." Carl zuckt mit den Schultern und grinst. „Er ist halt auch ein Guter. Aber mal ganz doof gefragt; Wie wäre es denn, wenn du dann erstmal netter zu dir bist? Deine Worte formen deine Realität und umso öfter du dir sagst, dass du dumm und weniger wert bist als ein Auto, umso mehr wirst du es glauben."

Ich drehe mich weg, ich möchte nicht mit ihm reden. Vor allem aber möchte ich nicht, dass er in meinem Gesicht sieht, dass er mich mit seinen Worten wirklich verletzt und getroffen hat. Ich gehe wortlos aus der Werkstatt. Hoffentlich lässt er mich jetzt in Ruhe. Aber natürlich tut er das nicht, er läuft mir hinterher.

„Hey, ich wollte dich nicht so anfahren."

„Echt? Das kam mir gerade eben aber anders vor."

„Weißt du, ich will ja nicht klugscheißen ..." – Ich unterbreche ihn, denn ich bin mir sicher, dass er genau das will. „Also, wir kennen uns erst seit gestern Abend und ich bin dir enorm dankbar, weil du mich gerettet hast. Aber ich kann jetzt schon sagen – das glaube ich dir nicht."

Er lacht kurz, aber wird schnell wieder ernst. „Okay, doch ich werde jetzt klugscheißen, aber glaube mir, ich war früher genauso. Ich musste auch erst lernen, dass Menschen so mit dir umgehen, wie du mit dir selbst umgehst. Umso mehr du dich selber klein machst, desto mehr lädst du Menschen dazu ein, dich kleinzumachen." Ich weiß, dass er recht hat. Tante Inge hat mal etwas Ähnliches zu mir gesagt. Trotzdem antworte ich ihm mit einem ohrenbetäubenden Augenrollen. Ja, ich rolle so stark mit den Augen, dass er das definitiv hören muss.

„Ich bin müde, mir tut alles weh, ich bin in einem fremden Land und habe nicht nur mein einziges Transportmittel kaputt gemacht, sondern auch noch etwas, an dem eine Person, die mir nahesteht, sehr hing. Erlaube mir doch bitte, mich kurz schlecht zu fühlen."

Er seufzt. „Okay. Natürlich darfst du dich schlecht fühlen, wenn du das möchtest und es dir gerade guttut. Ich möchte dir nur nicht empfehlen, dich darin zu verlieren. Bei aller emotionalen Bindung deiner Oma zu ihrem Auto bin ich mir doch sicher, dass sie dich lieber hat."

Ich muss lächeln, obwohl ich viel lieber noch etwas entrüstet wäre. „Und du warst früher auch so? Erzähl mal."

„Oh, ich will dich nicht langweilen. Meine Geschichte ist nicht sonderlich aufregend und so wie 100.000 andere auch."

„Ich habe gerade nichts Besseres zu tun, als dir zuzuhören."

Er grinst wieder. „Du bist auch wirklich enorm charmant. Ich glaube, ich finde Gianni auch netter als dich."

Wieder muss ich ein Lächeln unterdrücken. Vielleicht musste ich mal durch die Augen eines Anderen sehen, wie unmöglich ich teilweise mit mir umgehe.

„Also", fängt Carl an, „ich weiß nicht, ob du dir das vorstellen kannst, aber ich war früher voll der Anzug-und-Schlips-Typ."

Mein Blick muss ziemlich ungläubig gewesen sein, denn er lacht und versichert mir, dass er nicht lügt. Wir schlendern gemeinsam zu Giannis Garten auf der anderen Seite des Hauses. Es ist ein kleiner, unscheinbarer Gemüsegarten.

Es duftet nach Lavendel, Basilikum, Rosmarin und die ersten Tomatenpflanzen tragen schon Früchte. Carl und ich setzen uns auf eine Bank im Schatten eines Baumes. Ich bin dankbar für die Ablenkung.

„Ich habe die Firma meines Vaters übernommen. Sie produziert Bürostühle, super langweilig. Aber das war egal, es ging nie um das Produkt für mich, sondern um das Vermächtnis meines Vaters. Ich habe sie umgewandelt, produktiver gemacht, lohnender. Ohne dabei die Hälfte der Mitarbeiter zu entlassen. Ich war gut in meinem Job und habe viel Anerkennung erhalten. Aber ich war nicht glücklich."

Ich schaue den drahtigen Mann neben mir an. Mit den blonden Dreadlocks, die sich auf seinem Kopf auftürmen, der sonnengebräunten Haut und den Lachspuren um die Augen. Ich versuche, ihn mir im Anzug vorzustellen, aber scheitere an diesem absurden Bild in meinem Kopf. „Ich kann mir dich nicht im Anzug vorstellen."

„Ja, es passt auch offensichtlich überhaupt nicht zu mir. Das weiß ich jetzt. Aber damals habe ich mir die Frage gar nicht gestellt. Da habe ich es einfach gemacht. Bis es irgendwann nicht mehr ging."

„Was ist passiert?", frage ich und denke dabei an meine Heulattacken in der Bürotoilette.

„Zuerst ist gar nichts passiert, ich war nur müde und unmotiviert. Viele meiner Unternehmerkollegen waren alte Haudegen aus den 80ern. Die hatten … andere Methoden, um mit Stress umzugehen. Wenn es dir dreckig geht, geh los und kauf dir was. Das gibt ein kurzfristiges Glücksgefühl und wenn das vorbei ist, kaufst du eben noch was. Das war meine schnelle Sofortlösung für alles. Irgendwann bin ich eines Morgens aufgewacht und konnte nicht mehr. Man kann nicht ewig gegen seinen Körper arbeiten. Dieses ständige ‚höher, schneller, weiter'-Prinzip ist nicht unendlich durchhaltbar. Ich habe versucht, Ausgleich zu schaffen und das nicht immer auf die gesündeste Art und Weise."

Das kann ich mir wesentlich leichter vorstellen, als den Anzug und die Krawatte. „Was hast du gemacht?"

Carl winkt ab, als wolle er mich nicht mit Details langweilen. „Mir war schon klar, dass ich so nicht weitermachen kann und habe ganz viele verschiedene Dinge probiert, um mich besser, ausgefüllter und zufriedener zu fühlen. Teure Urlaube, schicke Autos, viel zu viel Geld ausgeben, für einen kurzen Dopaminschub. In der Firma musste ich weiter funktionieren. Da hingen ja andere Menschen dran – ich hatte viel Verantwortung. Wir hatten 80 Angestellte. Ich habe mir neue Hobbys gesucht, weil ich dachte, ich brauche einen Ausgleich. Aber es wurde nicht besser. Dann habe ich mich einfach mehr betäubt, weil ich dachte, 'Ich habe ja alles gemacht, wenn es mir nicht besser geht, dann muss es halt so sein. Dann stimmt etwas nicht mit mir.' Und es war ja auch so. Ich habe so viel probiert, damit es mir wieder gut geht. Nur halt nicht das Richtige."

Ich schaue ihn von der Seite an und kann sehen, wie es noch immer in ihm arbeitet. Die Muskeln in seinem Kiefer sind angespannt, alles in seinem Gesicht ist hart. Aber nur für einen Moment. Dann löst sich alles und er spricht weiter: „Es ist halt so verrückt, dass ich mich lieber mit einem bekannten Schmerz abgefunden habe, als etwas ganz Neues zu probieren. Aber wir Menschen sind Gewohnheitstiere und neue Wege, neue Ideen machen uns Angst. Mir ja auch. Bis ich eines Tages spürte, dass ich nicht mehr so weitermachen will. Mein Leben war die Firma und als ich mal gefragt wurde, was ich sonst noch so mache, fiel mir nichts ein. Meine Hobbys hatten ja auch mit der Firma zu tun. Golfen mit Geschäftspartnern, Betriebsfeiern, alles drehte sich nur darum. Dabei war es ja nie MEINS. Es war immer das Baby meines Vaters. Die Erkenntnis war schon schmerzhaft. Danach fühlte ich mich vollkommen verloren. Aber das kann man ja niemandem sagen. Man ist ja ein Mann, und dessen Job ist es doch ambitioniert zu sein und die Familie zu versorgen, da ist kein Platz für große Gefühle."

Carl macht eine Pause. Seine letzten Sätze flossen einfach nur so aus ihm hinaus und ich kann deutlich wahrnehmen, wie sehr die Erinnerungen an diese Zeit ihn noch immer beschäftigen und aufwühlen. Die italienische Vormittagssonne scheint auf den Garten und taucht alles in ein warmes, goldenes Licht. Der Lavendel und all die anderen Pflanzen in Giannis Garten wiegen sich in einer sanften Brise. Es ist so friedlich hier, ich kann verstehen, was Carl hierher gezogen hat.

„Wie bist du da herausgekommen?", frage ich, als ich das Gefühl bekomme, dass er weiter sprechen möchte.

„Ich habe irgendwann darüber nachgedacht, ob ich so überhaupt weiterleben möchte. Nein! Und die Antwort hat mich zunächst erschreckt. Aber ich konnte sie nicht mehr verdrängen. Und dann war mir klar, dass ich etwas tun muss. Meine damalige Freundin las so ein Selbsthilfebuch, über das ich mich normalerweise lustig machte. Sie erzählte mir regelmäßig davon, obwohl sie wusste, dass ich ‚Persönlichkeitsentwicklung' für genauso sinnvoll wie Voodoo hielt. Eines Abends klingelte es in meinem Kopf.

Sie las mir vor, dass man nur langfristig glücklich werden könnte, wenn man seinem eigenen, authentischen Weg folgt. Da wurde mir klar, dass ich niemals Chef einer Firma werden wollte. Ich wollte nie das Leben meines Vaters führen. Also habe ich sie verkauft. Ich habe das Lebenswerk meines Vaters verkauft. Und ich habe mich danach so befreit gefühlt. Natürlich war es mir wichtig, dass sie weitergeführt wird und die Leute ihren Job behalten. Aber meine große Herausforderung war, mich davon emotional zu lösen."

„Und dann?"

„Dann habe ich meinem Vater sein Leben sprichwörtlich zurückgegeben. Ich habe mich für mich entschieden, dazu, mein eigenes Leben zu leben. Ich habe mir erst mal einen alten Bus gekauft, alles hinter mir gelassen und bin einfach losgefahren."

„Mhm", sage ich und es arbeitet in mir.

„Mehr fällt dir dazu nicht ein?" Carl klingt fast enttäuscht.

„Na ja, ich finde es schön, dass du glücklich bist und wenn das für dich der richtige Weg war, dann ist das ja super. Aber ich weiß nicht so richtig, was ich mit dieser Information anfangen soll. Außerdem glaube ich nicht, dass es dir das Recht gibt, mich so belehren zu wollen. Das fühlte sich schon etwas herablassend an."

„Natürlich nicht. Nichts gäbe mir das Recht, dir dein Leben zu erklären. Ich darf auch weiter an meiner Ungeduld arbeiten. Das ist so mein Thema. Ich werde sehr schnell getriggert, wenn ich oder jemand um mich herum etwas nicht so schnell versteht, wie ich denke, dass er es verstehen sollte."

Eine unbefriedigende Antwort, wie ich finde. Aber bevor ich etwas antworten kann, kommt Gianni um die Ecke und wischt sich seine bratpfannengroßen, ölverschmierten Hände an einem noch ölverschmierteren Tuch ab. Er spricht Carl auf Italienisch an, zuckt mit den Schultern und deutet dann auf mich. Ich habe keine Ahnung, ob seine Botschaft gut oder schlecht ist, aber ich befürchte das Schlimmste. Weil ich immer das Schlimmste befürchte. Carl nickt, antwortet und dreht sich dann zu mir um.

„Also, der Schaden ist nicht so schlimm wie gedacht. Du hast Glück, dass beim Käfer der Motor hinten ist! Gianni bekommt das Auto wieder hin, es wird aber etwas dauern. Er muss ein paar Teile bestellen."

Gianni fällt ihm ins Wort, gestikuliert, dann schaut er mich an, grinst und hebt den Daumen. Ich schaue Carl fragend an. Er seufzt schwer, als wäre ihm der nächste Satz unangenehm.

„Er sagte, er gibt dir sein Zimmer auch günstiger, weil du dich mit mir rumärgern musstest."

Ich muss laut lachen, zeige Gianni auch einen Daumen nach oben und werfe ihm dann, aus einer Laune heraus, die ich bei mir gar nicht kenne, noch eine Kusshand zu. Er grinst, haut Carl freundschaftlich auf die Schulter und schlendert gemächlich zurück zu seiner Werkstatt.

„War ich wirklich so schlimm?". Carl klingt nicht wirklich besorgt, als er mich das fragt.

„Nein. Nur ein bisschen."

„Ich bin auch einfach getriggert durch Verhaltensweisen, die mich an mich selbst erinnern. Ich habe mich früher immer selbst heruntergeputzt, wenn etwas nicht lief. Voll bescheuert, wenn man sich mal überlegt, was man da so tut. Denn all unsere Zellen nehmen jedes Wort und jeden Gedanken, den wir so am Tag denken, sei es bewusst oder unbewusst, wahr. Und diese Gedanken lösen Gefühle aus, die unser gesamtes System entweder vergiften und uns damit schaden oder eben unterstützen und fördern."

Seine Worte hallen in mir nach und ich beginne mich zu fragen, was ich so alles am Tag denke und ob es mir schadet oder guttut. Eigentlich kreise ich immer in den gleichen, oft sinnlosen Gedanken umher. Fast schon, wie in dem Film „Und täglich grüßt das Murmeltier", in dem sich ein Tag endlos wiederholt, bis der grummelige Protagonist sich aktiv dazu entscheidet, netter zu sein und jeden Moment seines Lebens zu genießen. Ich spüre, wie es in meinem Körper beginnt zu kribbeln, als würde er mich auf etwas hinweisen wollen, als wäre die verblasste Erinnerung an einen Film, den ich vor Ewigkeiten mal gesehen habe, wichtig. Ich versuche diesen Gedanken zu greifen, aber …

„Hey, wo bist du denn gerade?", holt mich Carl, der noch immer neben mir steht, in die Realität zurück.

„Ich habe mir nur gedacht, dass ich genau das mal hören musste. So unangenehm wie es auch war. Manchmal tut die Wahrheit weh, oder?"

Carl legt mir die Hand auf die Schulter. Meine Oma sagte mal: Die wertvollsten Menschen in unserem Leben sind die, die uns unangenehme Wahrheiten sagen. Vor allem dann, wenn wir sie nicht hören wollen. Wer hätte gedacht, dass einer dieser Menschen für mich ein alternder Hippie mit Dreadlocks und hässlichen Hemden sein könnte, der mich in Italien am Wegesrand aus meinem kaputten Auto gezogen hat. Das Leben ist manchmal wirklich verrückt.

„Ich wollte hier nicht ungefragt den Lebenslehrer geben oder dich verletzen. Für mich war es ein ziemlicher Gamechanger, als mir klar wurde, dass meine eigenen Gedanken bestimmen, wie ich mich und meine Umwelt wahrnehme. Dann durfte ich mich erst mal ‚ne geraume Zeit mit all dem auseinandersetzen, was da so an alten Gedanken und Glaubenssätzen in mir rumschwirrte. Dabei habe ich festgestellt, dass vieles davon nicht mal von mir selbst kam, sondern nur aus meinem Umfeld und von meinen Eltern übernommen war.“

Ich nicke, „Okay, dann machen wir jetzt einen Deal: Immer wenn ich fies zu mir bin, darfst du mich darauf hinweisen. Aber nett. Okay?“

„Klingt gut.“

∞

Gianni ist fleißig damit beschäftigt, Emma wieder auf Vordermann zu bringen und ich bleibe den restlichen Tag in seinem Garten. Carl hat zum Mittagessen frische Tomaten gepflückt und aus ihnen eine unglaubliche Pastasauce gezaubert. Er, Gianni und ich sitzen an einem grob zusammengezimmerten Holztisch im Garten und genießen dieses wunderbare Essen. In diesem Moment fühlt es sich richtig an, hier zu sein, obwohl ich meine Reise anders geplant hatte.

Am Nachmittag zeigt Gianni mir sein ganzes Grundstück. Er kann nicht weiter arbeiten, da er erst einige Ersatzteile bestellen muss und ich versuche, nicht in Panik zu geraten, wenn ich an die Abschlussrechnung denke. Wir verständigen uns mit Händen und Füßen, manchmal ist Carl dabei, um zu übersetzen. Der Garten ist viel größer, als ich anfangs dachte und Gianni kann die meisten Sachen, die er so zum Leben braucht, selber anpflanzen. Sogar ein paar Hühner hat er. Ich versuche, Gianni beim Unkraut jäten zu helfen und habe noch immer Probleme damit, seine gepflanzten Kräuter von den wild gewachsenen zu unterscheiden. Aber er zeigt mir alles sehr geduldig und ich fühle mich wieder wie ein kleines Mädchen, mit meinem Opa Günther in diesem Garten, zwischen dem Lavendel. Als ich an ihn denke, zieht es mir ein wenig den Magen zusammen. Ich vermisse ihn auch 15 Jahre nach seinem Tod noch immer.

Als Teenager las ich mal, dass man sich bei der Partnerwahl oft an seinen Eltern orientiert und ich kann mir bis heute nicht erklären, wie meine Mutter bei einem Choleriker wie meinem Vater landen konnte. Während Opa mir mit Engelsgeduld jedes Blatt zehnmal erklärte, nannte mein Vater mich schon ‚dumm' und ‚unfähig', wenn ich nach der ersten Anleitung nicht alles sofort verstand. Ich will den Fehler meiner Mutter nicht wiederholen! Das tue ich mir nicht an. Bisher waren meine Partner auch keine Choleriker. Aber sonderlich lieb waren sie auch nie. Sie waren irgendwie … gar nichts. Langweilig, blutleer, unaufregend.

Wow, sowas zu denken ist echt gemein. Ich sollte am besten aufhören, über Männer nachzudenken. Die Arbeit im Garten zwischen den duftenden Pflanzen hat etwas Meditatives und zum ersten Mal, seit ich losgefahren bin, fühle ich mich wirklich ruhig. Das ist viel wichtiger, als über Männer nachzudenken! Meine Mutter sagte nach ihrer Scheidung immer, Männer sind wie Nachtisch. Schön, aber nicht die Hauptsache.

Am Abend, als ich in meinem weichen Bett liege und durch das kleine Fenster in den Sternenhimmel schaue, bin ich froh, dass ich hier gestrandet bin. Ich versuche, darauf zu vertrauen, dass ich genau da bin, wo ich sein soll. Vor allem für Carl und seine Fragen und Ausführungen bin ich dankbar. Woher kommt diese Stimme, die tief in meinem Inneren sitzt und es nicht nur erlaubt, mich selber dumm und blöd zu nennen, sondern mir einredet, dass meiner Oma ihr Auto wichtiger ist als ihre Enkelin? Wenn ich an all das zurückdenke, was ich in den letzten Monaten über Selbstliebe gelesen und gelernt habe, ist es enorm wichtig, mich mit dieser Stimme und den Gedanken, die sie mir einpflanzt, auseinanderzusetzen. Aber nicht mehr heute, denn dieses Bett ist zu gemütlich und ich bin viel zu müde.

∞

Die Küche duftet nach frischem Kaffee, als ich aus meinem Zimmer im ersten Stock hinunterkomme. Carl sitzt am Küchentisch und trinkt genüsslich aus einer großen Tasse.

„Guten Morgen", begrüßt er mich mit einem strahlenden Lächeln.

„Dir auch einen guten Morgen." Ich nehme mir eine Tasse und setze mich zu ihm. Auf dem Tisch stehen eine silberne Kaffeekanne und ein Töpfchen mit warmer, aufgeschäumter Milch. Genau, was ich jetzt brauche. „Sag mal, wohnst du eigentlich hier?"

Er lacht kurz. „Nein, nicht wirklich. Mein Bus steht neben der Werkstatt und meine Post kommt hierher. Aber morgen fahre ich erstmal weiter, dann musst du leider jemand anderen zum Übersetzen mit Gianni finden."

„Wo geht es denn als Nächstes hin?", frage ich.

„In ein kleines Hotel im Nirgendwo zwischen Pisa und

Florenz. Da ist ein Seminar, das ich besuchen werde."

Das macht mich neugierig. „Was für eine Art von Seminar, wenn ich fragen darf?" Ich nehme einen Schluck von meinem Kaffee. Er schmeckt wunderbar und ich könnte anfangen zu schnurren, wie eine Katze vor der Heizung.

„Ich habe dir doch gestern erzählt, von diesem ‚Selbsthilfebuch'? Das war mein erster Kontakt damit. Ich durfte schon so viel lernen, über mich und warum ich mich verhalte, wie ich es tue. Deshalb besuche ich inzwischen regelmäßig Seminare und Kurse zu solchen Themen."

„Meinst du so einen Selbstoptimierungskram?" Ich ziehe eine Augenbraue hoch und schaue skeptisch.

„Schau nicht so skeptisch. Und nein, ich meine keinen ‚Selbstoptimierungskram', darum geht es nicht. Es geht um Persönlichkeitsentwicklung. Was glaubst du denn, wie ich den Weg gegangen bin vom verkopften Unternehmer zu einem dezent über 50 Jahre alten Typ im Bus, der bei einem Freund in Italien auf dem Parkplatz wohnt?", lacht er. „Es geht mir nicht mehr darum, besser zu sein oder mehr zu leisten. Es geht mir heute nur darum, zufrieden zu sein."

Wow. Ich überlege kurz, etwas dazu zu sagen. Aber mir fällt nichts Sinnvolles ein. „Dezent über 50?", frage ich ihn also mit gespieltem Ernst und er streckt mir die Zunge raus, was uns beide zum Lachen bringt. Ich habe wahrscheinlich noch nie jemanden kennengelernt, mit dem ich mich so schnell auf so einem tiefen Level freundschaftlich verbunden fühlte. Kaum zu glauben, dass wir uns erst vorgestern kennengelernt haben.

„Du hast Milchschaum an der Nase", reißt Carl mich aus meinen Überlegungen. Ich wische mir verlegen übers Gesicht. „Also Carl, dann erzähl mir mal von deiner entwickelten Persönlichkeit."

„Weißt du, ich durfte lernen, wie ich mich mit mir und meinen tatsächlichen Problemen auseinandersetzen kann. Nicht nur mit den Symptomen! Das hängt alles miteinander zusammen und ist im ersten Moment sehr komplex, aber es wird immer leichter, wenn du dranbleibst." Mein Gesicht muss ein einziges Fragezeichen gewesen sein – nach kurzem Nachdenken erklärt er es mir nochmal. „Das ist, als ob du einen riesigen Haufen verknoteter Lichterketten vor dir hast, die du entheddern musst. Sonst kannst du sie nicht benutzen. Am Anfang wirkt es wie ein absolut unauflösbares Chaos, aber wenn du dich richtig reinhängst, dann kannst du es auflösen und sortieren. Meistens ist es gar nicht so schwer, aber anzufangen ist die größte Herausforderung! Glaub mir, ich kenne das!"

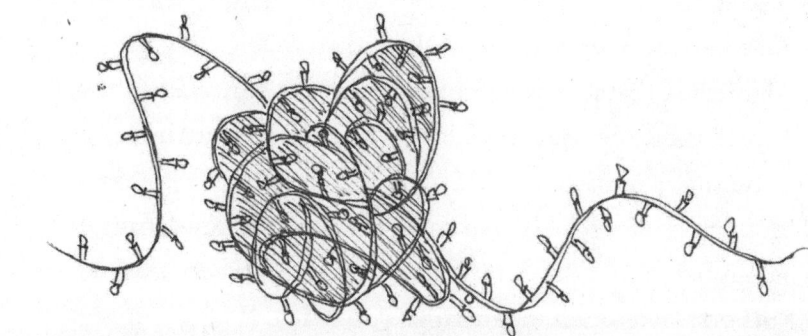

Ich höre ihm fasziniert zu. Es ist ganz deutlich spürbar für mich, wie sehr Carl von seiner Persönlichkeitsentwicklung profitiert hat und noch immer motiviert ist, an sich zu arbeiten. Ich möchte wissen, wie er das macht, für mich haben sich alle Maßnahmen, die ich in den letzten Monaten ergriff, um mich besser zu fühlen und meine Probleme zu lösen, anstrengend und gleichzeitig sinnlos angefühlt. „Seit ich diesen Zusammenbruch hatte, habe ich versucht meine Lichterketten zu entwirren, wie du sagst. Aber diesen Aha-Effekt hatte ich noch nicht. Es ist für mich extrem anstrengend, dranzubleiben."

„Vielleicht hast du den großen Knoten noch nicht entdeckt! Du kannst mal hier ein bisschen zuppeln, indem du mal `ne Woche jeden Morgen meditierst. Oder an der anderen Ecke ein paar kleine Knoten lösen, indem du dich von falschen Glaubenssätzen trennst. Aber um diesen ganzen in sich verschlungenen Haufen endlich komplett zu entwirren, ist es wichtig, sich da dran zu setzen und jede einzelne Schlaufe aufzumachen. Das kommt einem am Anfang manchmal unmöglich vor, wie einen unüberwindlichen Berg zu besteigen. Doch letztendlich liegt unter den vermeintlich vielen Problemen meistens ein einziges tieferes Thema. Wenn du das gelöst hast, dann lösen sich die anderen oftmals automatisch auch. Dein eigentliches Thema zu erkennen löst eine Kettenreaktion in dir aus, die ganz viele Probleme in einem ganz neuen Licht erscheinen lässt. Dann macht es einfach", er gestikuliert mit seinen Händen neben seinem Kopf, „Klick oder Puff oder was auch immer und ganz viele Dinge ergeben endlich einen neuen Sinn. Ganz viele Fragen beantworten sich von alleine. Aber um da hinzukommen, musst du anfangen, dich mit deinen Glaubenssätzen und Blockaden auseinanderzusetzen!"

„Wow. Das klingt fast zu gut, um wahr zu sein."

„Ja. Damit ist es aber nicht getan! Wenn du alles entwirrt hast, kannst du die Lichterketten nicht wieder zusammennehmen und zurück in den Karton schmeißen, wie vorher. Du musst sie genau anschauen, ordentlich aufrollen und dann können sie immer wieder strahlen. Selbst wenn du beim nächsten Ansehen wieder einen Knoten drin hast, kannst du die dann leichter lösen."

Das beantwortet mir einige unausgesprochene Fragen. Ich spüre regelrecht, wie der sprichwörtliche Groschen in meinem Kopf fällt. „Weißt du, ich habe da vorher nie wirklich darüber nachgedacht, aber das ergibt ‘ne Menge Sinn."

Ich spüre, dass seine Worte etwas in mir auslösen, auch wenn ich mir noch nicht sicher bin, was. „Vor ungefähr einem halben Jahr bin ich eines Morgens auf der Bürotoilette in Tränen ausgebrochen. Ich habe mich kaum wieder beruhigen können. Als es vorbei war, dachte ich ‚Naja, das musste mal raus und jetzt ist wieder gut'. Aber es wurde nicht wieder gut. Es wurde immer schlimmer. Eine Freundin sagte dann, ich müsste mehr Self-Care betreiben. Sie hätte das auf Social Media gesehen. Ich muss mich einfach ab und zu um mich selbst kümmern. Aber ich habe relativ schnell gemerkt, dass es mir nicht besser geht, nur weil ich mir ab und zu einen überteuerten Latte

Macchiato to Go mit extra Karamellsirup gönne oder ein ‚stressauflösendes‘ Schaumbad kaufe.

Also dachte ich mir, ich müsste einfach ‚zur Ruhe‘ kommen. Aber ich habe keine Ahnung, wie.“

„Sag bloß, der Latte Macchiato mit Karamell hat nicht all deine Probleme gelöst.“

„Ne, komischerweise nicht. Wer hätte das gedacht?“

Wir müssen beide lachen. Das fühlt sich gut an. Dann legt er seine Hand auf meine. Auch das fühlt sich gut an.

„Weißt du“, seine Stimme klingt auf einmal ernst, „man verkauft uns gerne einfache Lösungen für komplexe Probleme. Die Wohlfühlindustrie ist da nicht anders als jeder andere Zweig. Tatsächlich ist die Lösung für die meisten unserer Probleme auch einfach, aber eben nicht leicht. Wir dürfen die Art und Weise ändern, mit der wir in der Welt unterwegs sind und wie wir uns dabei behandeln.“

Bei diesen Worten drückt er meine Hand, wie als Erinnerung an unsere Unterhaltung gestern.

„Ich werde nachher erstmal meine Oma anrufen und ihr von dem Unfall erzählen.“

„Macht dir das Angst?“

„Ja, ein bisschen. Aber nicht mehr so wie gestern.“

„Ich glaube, das wird nicht mal halb so schlimm, wie du es dir in deinen größten Albträumen ausmalst! Bring es jetzt hinter dich, bevor du dich die nächsten Tage noch vollkommen verrückt machst!“ Er strahlt mich an und steht auf, um in Giannis Garten „Hand anzulegen“, wie er sagt. Ich bin allein. Jetzt ist die perfekte Zeit, um Oma anzurufen. Mein Herz schlägt, als ich ihre Telefonnummer in meinem Handy suche. Es klingelt nur einmal, dann geht sie ran und beginnt sofort zu reden, bevor ich nur „Hallo" sagen kann. Ich muss schmunzeln.

„Na Schätzchen, endlich meldest du dich mal! Inge und ich haben uns schon Sorgen gemacht!" „Wir dachten schon, es wäre etwas passiert!", ruft Inge im Hintergrund. Oma hat mich offensichtlich direkt auf Lautsprecher gestellt.

„Hey, also, um ehrlich zu sein, ist auch etwas passiert!" Mein Herz klopft so laut, dass die beiden es durchs Telefon hören müssen.

„Eva! Ich habe dir doch gesagt, Emma ist zu alt. Jetzt ist das arme Kind irgendwo liegengeblieben, wegen der alten Rostkarre!"

Oma protestiert, bevor ich etwas sagen kann: „Ich habe das Auto durchchecken lassen und eine Zusatzversicherung abgeschlossen – Anna passiert da nichts. Jetzt hör auf, sie dauernd zu unterbrechen!", antwortet Oma meiner Tante und fährt fort: „Also Liebes, was ist passiert?"

„Moment, was für eine Zusatzversicherung?"

„Ach so eine Auslandsschutzgeschichte. Wenn du irgendwo liegen bleibst, oder einen Unfall hast, bekommst du ein neues Auto und die Reparatur wird auch übernommen."

Mir wird schwindelig vor Erleichterung.

„Eva, jetzt lass das Kind doch mal aussprechen. Anna, ist denn mit dir alles okay?"

„Ja", antworte ich noch immer etwas atemlos, „bei mir ist alles gut. Aber ja, ich hatte einen Unfall und Emma hat ein bisschen was abbekommen. Ich habe zum Glück eine gute Werkstatt hier gefunden. Ach Oma, ich bin so erleichtert, dass du nicht sauer bist!"

„Warum sollte ich sauer sein? Hauptsache, du bist noch heile."

„Na ja, ich habe dein Auto kaputt gemacht und da hängt so viel für dich dran. Ich fühle mich wirklich schlecht deswegen."

Kurze Stille am Telefon. Ich kann das Klicken von Tante Inges Feuerzeug hören. „Anna, das ist nur ein Auto. Meine Erinnerungen mit dem alten Schätzchen bleiben. Die habe ich gut abgespeichert. Solange es dir gut geht, ist alles in Ordnung. Schick mir mal deine Adresse, dann kümmere ich mich darum, dass die Versicherung die Rechnung übernimmt, und wir schauen wegen eines Ersatzwagens."

Ich bin froh, dass ich sitze. Ist schon mal jemandem vor Erleichterung schlecht geworden? Wir reden noch kurz, ich schwärme von Giannis Garten und dem schönen kleinen Café in Schaffhausen, in dem ich das erste Frühstück meiner Reise gegessen habe. Dann lege ich auf und fange an zu weinen. Vor Erleichterung, zum Stressabbau, vielleicht aus Wut auf mich selbst. Wer weiß … Wie viel Energie habe ich damit verschwendet, mir Sorgen zu machen, wie Oma reagieren könnte. Ich fühle mich erleichtert und dumm zugleich. In mein Schluchzen mischt sich Lachen und jetzt sitze ich an Giannis Küchentisch, lachend und weinend zugleich. Wie oft machen wir uns im Leben Gedanken und Sorgen um etwas, das niemals eintritt? Wie viel Lebenszeit verschwenden wir damit?

∞

Nachdem ich Carl die guten Nachrichten erzählt habe, kann er natürlich nicht anders als mich darauf hinweisen, dass er recht hatte. Er übersetzt direkt für Gianni, der sich offensichtlich sehr freut. Vielleicht für mich, weil ich bald weiterreisen kann, vielleicht auch für sich, weil er jetzt sicher weiß, dass seine Rechnung bezahlt wird. Ich kann weiterfahren – ich freue mich so sehr! Allerdings bin ich mir nicht mehr sicher, ob ich unbedingt nach Rom möchte. Irgendwie fühlt sich dieses Ziel nicht mehr sehr reizvoll an.

„Carl, darf ich dich was fragen?"

„Selbstverständlich, ich bin ein offenes Buch!" Er grinst breit und das macht es mir noch einfacher, ihm die folgende Frage zu stellen.

„Meinst du, in diesem Seminar sind noch Plätze frei? Ich möchte anfangen, meine Lichterketten wirklich zu entwirren und nicht mehr nur an einem Stück Kabel zuppeln. Wäre es okay für dich, wenn ich mitkomme?"

Er strahlt mich an. „Das ist eine gute Entscheidung. Ich rufe nachher mal an, wir bekommen dich schon unter."

Ich habe gar nicht lange darüber nachgedacht, aber ich bin gerade sehr glücklich mit meiner Entscheidung, den Trip nach Rom durch dieses Seminar zu ersetzen. Es wird Zeit, die Lichterketten in meinem Leben zu entwirren.

Carl legt mir die Hand auf die Schulter und schaut mir eindringlich in die Augen, „Anna, ich bin mir absolut sicher, dass du es nicht bereuen wirst, dich mit deinen Themen auseinanderzusetzen. Du tust dir gerade etwas wirklich Gutes!"

DER WEG ZU MEHR SELBSTLIEBE

Carl und ich fahren am nächsten Morgen gemeinsam nach unserem vorerst letzten Frühstück mit Gianni los. Ich werde den kleinen Mann mit seinen ölverschmierten Händen in einer Woche wiedersehen, wenn ich Emma auf dem Rückweg wieder bei ihm abhole. Bis dahin sollte sie repariert sein, hat er versichert und falls nicht erkunde ich die Gegend mit meinem Leihwagen, den mir die Versicherung zur Verfügung stellen wird.

Meine Aussichten für die nähere Zukunft sind also unerwartet rosig und ich fühle mich so ausgeruht und voller Vorfreude, wie schon lange nicht mehr. Sogar der Aufbruch nach Italien hat mich im Vorfeld eher besorgt als glücklich gemacht. Vielleicht ist es die Aussicht darauf, endlich meine Knoten langfristig zu lösen.

Ganz egal – ich bin glücklich und gespannt wie ein Flitzebogen, während wir in Carls altem Bus über die italienische Autobahn nach Bologna tuckern. Kurz bevor wir diese Stadt erreichen, biegen wir von der Autobahn ab und kurven weiter über kleine, verschlungene Straßen durch grüne Hügel und Weinberge. Die gesamte Fahrt dauert nicht lange, die Straßen sind frei und meine Gespräche mit Carl tun mir unheimlich gut. Es ist sicherlich kein Wunder, dass mein erster Impuls war nach Italien, nach Rom zu reisen.

„Dieser Wunsch verrät ja auch etwas über dich. Ich wette, tief in dir drin sehnst du dich nach einem entspannteren Leben."

„Wow, das ist aber eine krasse Erkenntnis", ziehe ich ihn auf, „ich bin bestimmt die allererste überarbeitete, gestresste Nordeuropäerin, die es für ein attraktives Ziel hält, in die ewige Stadt zu fahren, um ihre Kultur und ‚la dolce Vita' zu genießen. Darauf ist vorher noch nie jemand gekommen!"

„Du bist ganz schön frech, wenn du dich wohlfühlst!", stellt Carl lachend fest.

„Entschuldige, ich sollte wirklich mehr Respekt vor dem Alter haben!"

„Jetzt sei aber mal vorsichtig, sonst setze ich dich am Straßenrand aus!"

Nach drei Stunden Fahrt, die sich anfühlen wie ein Familienausflug mit einem älteren Bruder, taucht vor uns ein Anwesen auf einem grünen Hügel auf, das seine tatsächliche Größe erst preisgibt, als wir vor dem Tor aus verschnörkeltem schwarzen Metall stehen.

Die zweistöckige Villa, symmetrisch, mit gekonnt gesetzten Fresken, ist nicht nur ein Seminarhotel, sondern auch ein Weingut, lese ich auf dem Schild am Tor. Carl klingelt und es öffnet sich automatisch. Die Auffahrt ist mit weißem Kies bedeckt, der unter den Reifen knirscht. Vor der großen, geöffneten Doppeltür am Eingang stehen schon einige Menschen, verteilt in kleinen Gruppen, die sich gegenseitig begrüßen und umarmen.

Carl parkt den Bus auf dem dafür vorgesehenen Streifen und springt aus dem Auto wie ein ungeduldiges Kind. Sofort höre ich erkennende und freudige Rufe. Ich gehe ihm ein wenig verunsichert hinterher.

„Anna, los, komm her, ich möchte dir ein paar Leute vorstellen", ruft Carl mich zu sich. Er steht mit einigen Leuten zusammen und hat den Arm um eine Frau gelegt, die gerade angeregt mit einer anderen Frau neben sich spricht. Ich höre Gespräche auf Deutsch, Italienisch und Englisch. Ich wünschte wieder, ich hätte mehr Italienisch gelernt vor meiner Reise. Carl stellt mir der Reihe nach alle Leute vor, die mit uns im Kreis stehen. Ich bin mir vollkommen sicher, dass ich keinen dieser Namen behalten werde, denn die Gesamteindrücke sind schon jetzt überwältigend.

„Na komm, wir gehen rein und melden uns an", fordert die Frau auf, um die Carl eben seinen Arm gelegt hatte. Durch die offene Tür betreten wir ein Foyer mit Natursteinboden und weiß verputzten Wänden. Es ist warm und hell hier drin. Rechts und links stehen einige Leute mit türkisblauen T-Shirts, die die Namen der Neuankömmlinge auf einer Liste abhaken und Namensschilder verteilen. Ein Glück! Namensschilder – mir fällt ein Stein vom Herzen. Als ich mich nach Carl umsehe, ist er in der Menge verschwunden und ich stehe mit meinem riesigen Koffer etwas verloren in der Tür. Nach der Ruhe bei Gianni und zuvor bei Oma und Inge, ist das Gewusel hier jetzt gerade zu viel für mich. Ich habe fest vor, mich nicht verunsichern zu lassen. Also atme ich tief durch. Als ich den ersten Schritt auf eine strahlend lächelnde Frau zugehe, spüre ich wieder die vertraute Hand auf der Schulter.

„Du warst plötzlich weg, ich wollte dich doch noch rumführen."

„Das ist ja nett, aber ich wäre auch alleine klargekommen." Carl muss ja nicht wissen, dass ich sehr erleichtert bin, dass er mich im Auge behält.

„Natürlich wärst du das. Daran habe ich nie gezweifelt."

Dann strahlt er die Dame vom Begrüßungskomitee an, die wir inzwischen erreicht haben. Nach kurzer Suche auf ihrer Liste findet sie unsere Namen und überreicht uns unsere Namensschilder. „Du bist zum ersten Mal bei uns, oder?", fragt sie mich.

„Ja, das war eine sehr kurzfristige Anmeldung."

„Es hat ja noch geklappt. Ich wünsche dir auf jeden Fall ganz viel Spaß und gute Erkenntnisse. Deinen Koffer kannst du einfach da vorne abstellen, er wird euch aufs Zimmer gebracht. In einer halben Stunde geht es dann im großen Saal los. Du kannst dir einfach einen Platz aussuchen. Setz dich am besten neben jemanden, den du nicht kennst." Na das wird ja schon mal echt einfach für mich, denn ich kenne hier niemanden. Ich stelle meinen Koffer an der dafür vorgesehenen Stelle ab, Carl verabschiedet sich, um noch mehr alte Bekannte zu begrüßen. „Das wird super hier für dich!", ruft er mir noch zu und ich glaube es ihm. Wie könnte ich auch nicht? Die große Eingangshalle ist wirklich beeindruckend schön, aber ich möchte alles hier erkunden und schlendere durch einen Torbogen weiter in den großen Saal, in dem es also gleich losgehen soll. Dort gibt es eine Bühne und zahlreiche Stuhlreihen. Auf einigen Stühlen liegen bereits Jacken und Taschen. Das Persönlichkeitsentwicklungs-Seminar-Pendant zum Handtuch auf der Poolliege, denke ich. Ich suche mir einen Platz in der Mitte, der noch nicht reserviert scheint. Von hier aus sollte ich alles gut sehen und hören können. Unter dem Stuhl steht ein Willkommensgeschenk. Ein Block, ein Stift und eine Wasserflasche mit einem Sticker darauf. Wie lieb! Ich bin sehr erleichtert, dass uns Schreibzeug zur Verfügung gestellt wird. Ich habe zwar mein Tagebuch dabei, aber dieses Seminar verdient es, separat aufgeschrieben zu werden.

Jetzt weiß ich nicht so recht, wohin mit mir. Um mich herum ist es unheimlich laut, Menschen sprechen angeregt miteinander, jeder scheint sich zu kennen. Nur ich kenne niemanden, außer Carl. Ich beginne gerade mich alleine zu fühlen, da höre ich eine warme und volle Stimme neben mir: „Ist hier noch frei?". Die Stimme gehört einer Frau mit glatten schwarzen Haaren und dem geradesten Pony, den ich je gesehen habe. Sie ist ungefähr einen Kopf kleiner als ich, hat wache Augen und ein breites Lächeln, das ich als spitzbübisch beschreiben würde, auch wenn das Wort zu einer erwachsenen Frau kaum zu passen scheint.

„Ich glaube schon. Jedenfalls liegt noch keine Reservierungsjacke darauf." Sie lacht, wirft ihre Sachen über die Lehne und lässt sich neben mich auf den Stuhl plumpsen. „Ich bin Elena", stellt sie sich vor und zeigt auf ihr Namensschild.

„Anna. Schön, dich kennenzulernen." Wir reichen uns die Hände.

„Bist du das erste Mal hier oder schlägt nur wieder mein schlechtes Gedächtnis zu? Falls wir uns schon mal gesehen haben und ich dich nicht wiedererkenne, nimm es mir bitte nicht übel. Ich erkenne manchmal nicht mal mich selbst morgens im Spiegel wieder." Sie lacht, ich auch. Ich mag sie sofort.

„Nein, keine Sorge. Ich bin zum ersten Mal dabei und weiß noch gar nicht, was mich erwartet."

„Oh wow. Und dann machst du gleich so ein langes Seminar mit? Das ist aber mutig. Ich bin mir sicher, das wird richtig gut für dich!"

„Ich habe gar nicht darüber nachgedacht, es hat sich einfach ergeben. Aber jetzt machst du mir ein bisschen Angst."

„Haha, nein. Angst musst du keine haben." Sie denkt kurz

nach, bevor sie weiterredet. „Manchmal erkennst du Dinge, die du vielleicht im ersten Moment nicht erkennen wolltest. Aber es hilft. Mein Leben hat sich so krass verändert, seitdem ich mich mehr mit mir und dem Thema Selbstliebe beschäftige. Das hätte ich vorher auch nicht geglaubt."

„Das tut gut, zu hören. Ich weiß gar nicht, was mich erwartet."

„Das ist bestimmt auch gut so! Du kannst ganz frei sein und dich auf alles einlassen."

Ein Gong ertönt, wie im Theater, die Leute strömen herein und zwängen sich durch die Stuhlreihen zu ihren Plätzen. Ich hätte Elena gerne noch zahlreiche Fragen gestellt, aber jetzt geht es los und ich freue mich darauf!

Als alle sitzen und nur noch geflüstert wird, dimmt sich das Saallicht herunter und die Leute mit den türkisblauen T-Shirts betreten die Bühne. Applaus wird laut und die erste Frau auf der Bühne beginnt zu sprechen.

„Hallo ihr Lieben! Wie schön, dass ihr alle hier seid! Wir haben ein grandioses Seminar geplant für euch, das wird eine richtig geile Woche hier."

Wieder Applaus und lauter Jubel. Die Energie in diesem Saal ist ansteckend. Es folgen ein paar organisatorische Dinge. Es gibt Zwei-Bett-Zimmer, die per Zufallssystem zugeteilt wurden. Fast wie früher auf Klassenfahrt. Es gibt feste Essenszeiten, Vorträge am Vormittag und verschiedene Teilseminare am Nachmittag. Wir haben Referentinnen und Referenten zu den verschiedensten Themen und Coaches, die immer parat stehen, wenn man mit jemandem sprechen möchte. Ich spüre aufgeregte Anspannung in meinem Bauch und kann es kaum erwarten zu erkunden, worauf ich mich hier eingelassen habe. Ein großer, schlanker Mann tritt nun nach vorne. Auch er trägt sein türkises Shirt und ein Namensschild, das ich aus der Entfernung nicht lesen kann. Er klatscht in die Hände.

„Schön, dass ihr hier seid! Wir wollen uns in dieser Woche Zeit nehmen, gemeinsam zu schauen, welche Themen jeden einzelnen von euch in seinem Leben jetzt beschäftigen und vor allem wollen wir gemeinsam schauen, warum das so ist. Vieles können wir direkt beeinflussen, auf jeden Fall können wir unseren Blick und unsere Perspektive aktiv verändern. Wir alle haben Macht in unserem Leben, wir sind nicht einfach hilflos. Wir laden euch dazu ein, in der kommenden Woche diese Macht bei euch selbst wiederzuentdecken." Applaus aus den Reihen der Zuschauer und auch in mir macht sich Euphorie breit. Es mag Dinge in meinem Leben geben, auf die ich keinen Einfluss habe, aber meinen Umgang damit kann ich beeinflussen.

„In uns gibt es zwei Navigationssysteme", spricht der Coach weiter, „unser Kopf und unser Herz. Leider sind sie nicht im Gleichgewicht. Wir alle neigen dazu, eher auf unseren Kopf zu hören. Das zweite Navigationssystem in uns ist jedoch mindestens genauso wichtig, doch bedauerlicherweise ist es leiser. Unser Herz kennt all die Träume in uns, weiß um unsere Stärken, die Geschenke und Gaben in uns. Wenn beide gut miteinander arbeiten und in die gleiche Richtung gehen, ist das unschlagbar. Stellt euch vor, ihr seid im Auto unterwegs und habt zwei Navis an, die euch in entgegengesetzte Richtungen führen wollen. Das führt nur zu Verwirrung und Frustration. Wirklich hilfreich sind die beiden nur, wenn sie zusammenarbeiten. Wie ein Kompass, den wir einstellen auf unserem Lebensschiff, der uns sicher in genau die Richtung lenkt, in die wir wirklich wollen. Und der euren Kopf und euer Herz zu einer Einheit verschmelzen lässt. Für alle Schlaumeier und Mediziner unter uns – zu denen gehöre ich nämlich auch", sagt er lachend und augenzwinkernd, „uns ist natürlich klar, dass wir hier nicht über den Blut pumpenden Muskel reden, sondern über unser emotionales Zentrum, das sich gefühlt in der Mitte unserer Brust befindet." Das Publikum lacht. Ich finde den Coach jetzt schon gut. „Übrigens, schon in Jahrtausenden alten Kulturen werden unsere Gefühle hier verortet", er legt seine Hand auf die Mitte seiner Brust. „Also muss etwas dran sein." Wieder dieses Augenzwinkern. Ich hatte schon zu Beginn des Seminars ein gutes Gefühl, aber nachdem ich nun den ersten Coach hier erlebt habe, bin ich regelrecht euphorisch.

„Ganz viele Dinge, die unser Kopf uns als logisch und sinnvoll verkaufen möchte, sind es in Wirklichkeit gar nicht. Es sind alte Überlebensstrategien, Glaubenssätze, Muster, die wir in frühester Kindheit erlernt und entwickelt haben. Schon damals hatten sie den Zweck, uns Sicherheit zu geben. Denn die ist für Kinder essenziell.

Vor allem in den ersten beiden Lebensjahren sind wir auf Hilfe von Außen angewiesen. Säuglinge und Kleinkinder können nicht alleine überleben. In dieser Zeit brauchen wir Unterstützung, Liebe, Aufmerksamkeit und Zuwendung. Wir sind abhängig von jemandem, der uns in unseren Bedürfnissen sieht und abholt. Wurde dies aber nicht genügend erfüllt, entsteht in uns ein Gefühl von Unsicherheit. Diese Unsicherheit kann sich dann auf unser ganzes Leben auswirken. Wir glauben eher, dass diese Welt bedrohlich und gefährlich ist, wir vertrauen nicht in Beziehungen, sondern betrachten das Leben eher mit einem grundsätzlichen Misstrauen. Wir entwickeln Strategien, die uns vermeintlich sicher machen. Das sind sogenannte Überlebensstrategien, Glaubenssätze und Muster, die mal geholfen haben, aber inzwischen hinderlich sein können." In meinem Kopf klingelt es wie in einem Flipperautomaten und mir gehen fünf Lichter gleichzeitig auf. Tatsächlich kann ich mich fast in jedem Satz wiederfinden. Meine vernachlässigten Bedürfnisse als Kind führen dazu, dass ich mich als Erwachsene nicht mehr traue, meine Bedürfnisse zu sehen. Oh Mann, das ist schon logisch und offensichtlich – wenn man es mal gesagt bekommen hat.

„All diese Hindernisse, diese Blockaden wollen wir gemeinsam auflösen und dabei zu mehr Selbstliebe kommen. Dafür haben wir drei Schritte, die wir zusammen gehen. Zunächst werden wir genau hinschauen und unsere Probleme erkennen. Wir finden unsere Blockaden, erkunden ihre Ursachen und lösen sie dann auf. Dazu schauen wir uns die Themen an, die ihr mitgebracht habt. Da werdet ihr wahrscheinlich viele Überschneidungen entdecken. Ihr seid hier alle unter Gleichgesinnten. Das darf euch Sicherheit und Halt geben, wenn wir einen großen Scheinwerfer auf eure Themen im Jetzt richten und sie genau untersuchen. Diese haben, wie gesagt, ihren Ursprung in eurer Vergangenheit und da räumen wir in den nächsten Tagen richtig auf. Das gibt eine große Entrümpelungsaktion sondergleichen! Wenn wir damit durch sind, geht es darum, sie loszulassen oder aufzulösen. Aber nicht nur die Ursprungsthemen an sich, sondern auch die Glaubenssätze und Verhaltensweisen, die diese erschaffen haben. Wie gesagt, das wird ein Frühjahrsputz der besonderen Art. Wir laden euch ein, die Ursache anzugehen, nicht nur die Symptome – und darin liegt die Herausforderung! Nur das Symptom zu bekämpfen ist viel einfacher, aber leider auch nicht nachhaltig."

Auch hier gibt es wieder viel Zustimmung aus dem Publikum. Der Coach ist jetzt richtig in Fahrt und ich kann seine Leidenschaft für das Thema förmlich spüren. Es ist, als würde sie aus ihm hinausstrahlen und jeden Einzelnen im Publikum berühren.

„Wenn dein Thema im Jetzt ist, dass dein Job dich stresst und unglücklich macht, kannst du natürlich den Job wechseln. Das ist einfach. Aber wenn du den darunter liegenden Ursprung nicht erkennst und auflöst, wird das Symptom immer wiederkommen. Das Loslassen unserer altbekannten Glaubenssätze und Verhaltensweisen ist herausfordernd, denn wir sind in dem System, das dieses Problem kreiert hat, ja zu Hause. Da wollen wir auch nicht weg! Unser Kopf, unsere Vernunft, unser Verstand möchte aus diesem System auch nicht heraus. Denn es ist bekannt und es ist komfortabel. Unser Verstand arbeitet nach dem Prinzip ‚Lieber in einem bekannten Unglück verweilen, als die Möglichkeit eines unbekannten Glückes zu ergreifen'. Das ist aber nichts, womit ihr euch zufriedengeben müsst!" Es gibt wieder Applaus aus dem Saal. Auch ich klatsche begeistert, denn ich möchte mich nicht mehr damit zufriedengeben, ein altbekanntes Unglück zu ertragen.

„Im letzten Schritt werden wir all die Energie, die jetzt nicht mehr in eure Blockaden fließt, umleiten. Ihr werdet die Vision eurer Zukunft erschaffen und eure Energie darauf konzentrieren. Aber heute lassen wir es erstmal ganz entspannt angehen, genießt die Sonne. Nach dem Mittagessen legen wir los! Die Zeit hier wird eine Zeit nur für dich, die du für dich nutzen kannst. Aber eben immer mit Genuss, Leichtigkeit und Freude, denn so lässt es sich viel besser lernen, aufnehmen und neue Dinge ins eigene Leben umsetzen. Eines könnt ihr aber sofort umsetzen: Ihr könnt versuchen, jeden Tag ein wenig freundlicher mit euch zu sein.

Wenn ihr anfangt zu erkennen, dass es einen guten Grund gibt, warum ihr diese Verhaltensweisen und unbewusste Reaktionen in euch tragt, dann könnt ihr aufhören, euch dafür zu verurteilen und wohlwollend mit euch umgehen. Denn gerade darum geht es – dass ihr liebevoll mit euch umgeht! All das, was ihr noch als falsch, blöd, unzureichend bei euch selbst wahrnehmt, war eine absolut sinnvolle Reaktion auf das, was ihr erlebt habt. Ihr habt es gut gemacht." Wow … Das hat gesessen. Ich habe nicht erwartet, zum Abschluss derart gelobt zu werden. Jetzt muss ich erst mal schauen, wohin mit meinen Gefühlen. Mir wird mit Schrecken bewusst, dass ich schon sehr lange nicht mehr so gelobt worden bin. Das ist schon ein bisschen traurig, finde ich. Vielleicht sollte ich mich einfach selbst öfter loben, wenn es schon niemand anderes macht.

$$\infty$$

Ich sitze mit Elena in der Sonne und genieße einen Espresso. Die hauseigene Kaffeebar ist wirklich ausgezeichnet. Wahrscheinlich werde ich in den nächsten Tagen sehr oft hier sein. Insgesamt ist das ganze Anwesen zwar luxuriös, aber nicht protzig. Das gefällt mir.

„Also, starten wir den Seminar-Deep-Talk, denn Small-Talk machen wir hier nicht! Was führt dich hierher?", fragt Elena nach, mit diesem Grinsen, das sie aussehen lässt wie ein kleines Mädchen mit den Hosentaschen voll Nachbars Kirschen. Die Frage, dieser Blick und die Art, wie sie sie stellt, bringen mich wieder zum Schmunzeln.

„Gute Frage. Es war eine ganz spontane Entscheidung, aber sicherlich notwendig. Vor einiger Zeit bin ich …", ich merke, wie mir die Worte noch immer schwer über die Lippen kommen, „einfach zusammengeklappt. Ich habe mich heulend im Büro auf dem Klo eingeschlossen. Am Anfang dachte ich, das passiert nur einmal. Dann passierte es immer öfter, bis ich schließlich morgens gar nicht mehr aufstehen konnte."

„Oh Burn-out. Wirklich keine schöne Art, seine Zeit zu verbringen. Null von fünf Sternen. Leider kenne ich das auch, kann es aber nicht weiterempfehlen. Ich habe mich allerdings eher in meiner Ehe aufgebraucht, meine Zeit im Büro war dagegen Wellness. Interessant, dass sich immer mehr Menschen so erschöpfen, bis sie nicht mehr funktionieren und erst dieses Nicht-Funktionieren ein Problem darstellt. Nicht all die Trauer, das langsame Ausbrennen und der Stress davor. Nein. Erst, wenn du nicht mehr leisten kannst, gibt es ein Problem."

„Mhm, ‚interessant' ist da auch ein interessantes Wort. Aber du hast recht. Es ist alles kein Problem, solange du funktionierst. Viel schlimmer, es gibt ja inzwischen regelrechte Stresswettkämpfe. In denen Leute versuchen, sich gegenseitig zu übertrumpfen, wer am meisten zu tun hat, wer am erschöpftesten ist. Voll bescheuert, wenn man mal darüber nachdenkt."

„Wirklich voll bescheuert! Wenn man darüber nachdenkt! Deswegen denken da auch die Meisten nicht drüber nach, solange ihr Körper sie nicht zwingt", stimmt Elena mir zu. „Es ist so schön, sich mit jemandem darüber zu unterhalten, der das einfach versteht!", stelle ich fest. Schon allein dieses Gespräch hat mich mehr entspannt als meine kläglichen Meditationsversuche.

„Ja, oder? Das tut mir auch immer wieder gut. Keine Sorge, du wirst hier viele Menschen kennenlernen, die das verstehen. Und alle hier erkennen, dass wir uns von innen verändern dürfen. Leider braucht man da meistens irgendeinen Anstoß, um sich mit all diesen Themen auseinanderzusetzen. Ich hoffe, die nächste Generation ist klüger und geht liebevoller mit sich um."

„Ja, das kann man sich nur wünschen."

„Das Wichtigste ist, dass du beginnst. Alles fängt an mit der Entscheidung, wieder liebevoller mit dir zu sein und dein Leben glücklicher zu leben."

Ich nicke. Genau das habe ich in den letzten Monaten auch gemerkt. Mir ging es monatelang schlecht. Erst als ich mich bewusst für Veränderung entschieden habe, konnte es wirklich losgehen. Alles beginnt mit dieser einen Entscheidung.

„Ich habe mal einen Artikel gelesen, darin ging es um Resilienz. Die interviewte Neurologin sagte, der Unterschied, ob ein Mensch an einem Schicksalsschlag zerbricht oder nicht, kann schon eine einzige Person in dessen Umfeld sein. Eine Person, die liebevoll ist und unterstützend. Wenn du aber so jemanden nicht hast, kannst du das gerade im Erwachsenenalter für dich selbst sein", erzählt Elena und ich möchte gerade antworten, was für eine schöne Erkenntnis das doch ist. Da kommt eine hochgewachsene Frau auf uns zu und wirft sich ihre blonden Haare über die Schulter. An ihrem türkisfarbenen T-Shirt erkenne ich sie als eine der Coaches.

„Na meine Damen, genießt ihr die Sonne?" Elena und ich nicken. Sie begrüßt Elena und streckt mir die Hand entgegen, „Ich bin Marie! Schön, dass ihr schon so angekommen seid, ich hätte da nämlich eine kleine Aufgabe für euch! Habt ihr Lust? Keine Sorge, es ist gar nichts Schlimmes. Ihr dürft, wenn ihr mögt, einfach mal gemeinsam darüber nachdenken, was denn so Momente sind, in denen ihr euch selbst schon mögt oder gar liebt. Und als Zweites, welche Möglichkeiten ihr für euch entwickelt habt, um euch selbst in herausfordernden Situationen wieder zu beruhigen, euch wieder besser zu fühlen? Was stabilisiert euch in Momenten, in denen es stressig wird? Worauf greift ihr dann zurück? Wir nennen diese Möglichkeiten, die wir hier finden und aufzählen wollen ‚Ressourcen.'"

Elena nickt bei dieser Erklärung, als wüsste sie ganz genau, wovon die Dame vor uns spricht. Wahrscheinlich weiß sie es auch tatsächlich, schließlich hat sie schon mehr Erfahrung hier als ich. Marie wendet sich also an mich: „Welche Ressourcen kennst du für dich? Einfach mal ganz entspannt in dich reinhören, dann könnt ihr beide gemeinsam darüber reden und in einer halben Stunde treffen wir uns im Seminarraum wieder. Dann ergänzen wir gemeinsam unsere gesammelten Ressourcen und lassen sie zu einem richtig schönen Ressourcenkoffer anwachsen. Klingt doch super einfach, oder?" Sie lacht und es ist so ansteckend, dass Elena und ich mitlachen.

Sie lächelt uns noch einmal an und schlendert dann weiter. Als ich ihr hinterher sehe, entdecke ich, dass auch die anderen Coaches dabei sind, den Teilnehmenden ihre Ressourcenübung zu erklären. Ich ziehe den Block hervor, der vorhin als Geschenk unter meinem Stuhl lag. Elena ist wesentlich besser vorbereitet als ich. Sie hat ein eigenes Notizbuch und ein Schlampermäppchen mit farbigen Stiften und Markern in Gold und Rose dabei.

„Wow. Du Streber!", grinse ich sie an.

„Ha, meine Liebe, von mir kannste noch was lernen!"

Ich sitze also hier in der italienischen Sonne, mit einem hervorragenden Espresso vor mir, einer netten neuen Bekanntschaft und einer scheinbar unlösbaren Aufgabe.

WANN LIEBE ICH MICH? WIE STABILISIERE ICH MICH, WENN ES MIR NICHT GUT GEHT?

Mein Kopf ist ungewohnt still.

„Es ist ein bisschen traurig, dass mir so spontan nichts einfällt, oder?"

„Keine Sorge, Anna, das geht vielen am Anfang so. Es gibt gute Gründe dafür, warum es dir gerade so geht und viele Menschen kennen genau das, was du gerade erlebst. Sie bemerken es vielleicht gar nicht, weil sie sich diese wertvollen Fragen nicht stellen. Aber würde man sie fragen, würden sie es sehr wahrscheinlich erst einmal sehr ähnlich empfinden. Jedoch, um deine Frage zu beantworten — Ja, es ist traurig, dass wir darauf erst einmal kaum Antworten in uns haben."

Eine weitere Frau kommt an unseren Tisch. „Darf ich mich zu euch setzen?"

Elena klopft auf die Sitzbank neben sich. „Aber natürlich. Drei Köpfe sind besser als zwei."

„Wir sollen doch mit dem Herzen denken", tadelt die

Neue scherzhaft. Sie stellt sich als Kerstin vor, während sie sich zu Elena auf die Bank setzt. Sie hat aschblonde, schulterlange Haare und Lachspuren um die Augen, die sie sofort sympathisch machen. Ich atme tief ein, schließe die Augen und spüre die Atmosphäre um mich herum einmal ganz bewusst. Tatsächlich ist es ungewohnt, mich sofort so wohlzufühlen. Doch alle Menschen, die ich bisher kennengelernt habe, sind freundlich und aufgeschlossen, jeder wirkt aufrichtig glücklich hier zu sein. Das gibt mir ein gutes Gefühl. Natürlich ist es der erste Tag und alle sind aufgeregt und voller Energie. Aber wenn es nur ein wenig so bleibt, die Menschen hier nur halb so angenehm bleiben, hat sich die Änderung meines Reiseplanes schon gelohnt.

Wir fangen gemeinsam an und sammeln Momente, in denen wir uns selbst lieben. Schon dabei kommen mir ein paar erschreckende Erkenntnisse. Die ersten Situationen, die mir einfallen, in denen ich mich selber gut fand, haben immer mit Bestätigung von Außen zu tun.

Auf meiner Liste in meinem Block steht:

ICH FINDE MICH GUT, WENN ICH ETWAS GELEISTET HABE.

ICH FINDE MICH GUT, WENN ICH FÜR ETWAS GELOBT WERDE.

ICH FINDE MICH GUT, WENN ICH JEMANDEM HELFEN KANN.

Ich höre, wie sich andere in herausfordernden Situationen etwas Gutes tun und bin erstaunt, was es da so alles gibt – und parallel auch ein bisschen traurig darüber, dass ich selbst nicht auf solche Ideen komme. Kerstin beispielsweise erzählt, dass sie sich regelmäßig durch Atemübungen ‚erdet‘, wie sie sagt. Sie atmet dann tief und sanft, verbindet sich mit ihrem Herzen und konzentriert sich darauf, wohlwollend zu sich zu sein und die negativen Gedanken zu stoppen. Ich frage mich, ob das für mich auch funktionieren würde. Tatsächlich habe ich mit Meditation und Atemübungen bisher ja nun noch nicht so gute Erfahrungen gemacht.

„Wenn ich mich gut fühlen will, mache ich laut Musik an und tanze durch meine Butze", erzählt Elena lachend. „Kennst du den Tasmanischen Teufel aus den Bugs Bunny Cartoons? Der sich sabbernd im Kreis dreht? So sehe ich dann aus und ich liebe es." Wir müssen wieder lachen und gleichzeitig kann ich mir Elena, den sprichwörtlichen Wirbelwind, wunderbar als tatsächlichen, tanzenden Hurrikane vorstellen. Es erleichtert mich, dass es keinen Erfolgsdruck gibt. Wir sammeln einfach unterschiedliche Ressourcen, vollkommen wertfrei und auch, wenn ich noch keine nennen kann, setzt mich niemand unter Druck. Ich fühle mich wohl und nicht im Wettkampf mit irgendwem. Doch auf den Moment, in dem mir das bewusst wird, folgt direkt die Erkenntnis, wie besonders sich das anfühlt – und wie schade es ist, dass ich anscheinend, zumindest gefühlt, sonst in einem permanenten Wettkampf stecke. Mit wem auch immer. Wie anstrengend. Kein Wunder, dass ich nicht mehr konnte.

Mit unseren Ergebnissen schlendern wir, als der nächste Gong ertönt, zurück in den großen Saal. Hier brummt es wieder wie in einem Bienenstock. Die Stühle stehen bereit und wir dürfen uns neue Plätze suchen. Ich entdecke Carl am anderen Ende des Raumes, wo er angeregt mit einem hochgewachsenen Mann spricht. Ich überlege kurz, ihm zuzuwinken, aber er ist so im Gespräch vertieft, dass er mich nicht bemerken würde. Ich setze mich in eine der hinteren Reihen, ganz bewusst nicht neben Elena, auch wenn ich es gerne getan hätte.

Als die Coaches auf die Bühne treten, wird es nur langsam leiser. Es herrscht offensichtlich noch immer reger Gesprächsbedarf. Der Mann, der nun nach vorne tritt, ist hochgewachsen, schlank und hat eine warme, freundliche Ausstrahlung. Er wirkt nicht so lustig wie der Sprecher am Morgen, aber warmherziger. Spannend, wie sich die unterschiedlichen Charaktere hier ergänzen.

„So, ihr Lieben! Wir hoffen, ihr seid gut angekommen in der ersten Übung. Wir sind gespannt zu hören, was ihr so erarbeitet habt. Beginnen wir mit den Momenten, in denen es euch am leichtesten fällt, euch selbst zu lieben."

Mikrofone werden durch die Reihen gereicht und wir fangen an, unsere Ergebnisse zu teilen. Ich bin erleichtert, als ich auch von anderen Teilnehmenden höre, dass es ihnen leichter fällt, sich selbst zu lieben, wenn sie die

Erlaubnis von außen dazu bekommen. Ein junger Mann Anfang 20 sagt, „Ich mag mich selbst am liebsten, wenn ich andere glücklich machen kann". Das fühle ich so sehr. Eine andere Teilnehmerin sagt: „Wenn ich gute Leistung bringe. Der Erfolg und auch die Anerkennung fühlen sich gut an und sorgen dafür, dass ich mich selbst mehr liebe". Auch damit kann ich mich vollkommen identifizieren. „Nach dem Sport", sagt jemand. „Wenn ich das Gefühl bekomme, schön zu sein", erzählt jemand anderes.

„Wenn ich mich zu einer Gruppe zugehörig fühle", sagt eine ältere Frau neben mir.

„Das sind viele schöne Sachen, die ihr so gesammelt habt." Der Coach auf der Bühne schaut uns an und seine Augen glitzern, als könne er kaum zurückhalten, was er jetzt zu sagen hat. Er hat offensichtlich darauf gewartet, die folgende Frage zu stellen: „Und was ist, wenn all das nicht da ist? Kein Lob mehr, keine Anerkennung, keine Familie oder Freunde mehr, die euch sagen, dass ihr toll seid. Was ist, wenn es euch nicht gut geht? Was könnt ihr dann für euch tun, damit ihr euch gut fühlt? Nicht andere, sondern ihr selbst?"

Die Frage trifft mich in der Magengrube, obwohl ich sie nach der Übung eben erwartet habe. Ich verstehe jetzt, worauf der Coach hinaus möchte. Menschen wie ich, die Bestätigung von außen brauchen, um sich gut zu finden, sich zu lieben, sind immer in einem ungesunden Abhängigkeitsverhältnis. Vor einer halben Stunde war es für mich noch das Normalste auf der Welt, die Erlaubnis anderer abzuwarten, um mich selbst zu lieben. Erst, als einmal laut ausgesprochen wurde, wie gefährlich das ist, hat sich ein Schalter in meinem Kopf umgelegt. Aber was jetzt?

„Gerade dann ist doch Selbstliebe wichtig! Wenn es uns gut geht, ist das meist kein Problem. Aber was ist mit den Momenten, in denen es uns richtig mies geht? Wenn wir dann niemanden von außen haben, der uns lobt? Dann brauchen wir diese Ressourcen. Mittel, die wir nutzen können, wenn der Halt im Außen wegbricht. Ressourcen sind wie Anker, die wir im Hellen herunterlassen, wenn es um uns mal wieder dunkler wird. Eben habt ihr schon gesammelt, welche ihr für euch kennt und sogar anwendet. Horcht jetzt nochmal genau in euch hinein. Wofür liebt ihr euch selbst, wenn niemand da ist, der euch sagt, dass ihr es dürft?"

Wow. Darüber muss ich nachdenken. Das ist gar nicht so leicht. Auch den anderen Teilnehmenden scheint das nicht so einfach von der Hand zu gehen, aber so langsam kommen wir rein. „Ich kann auf mich selbst vertrauen, wenn ich an all die Krisen denke, die ich schon überstanden habe", sagt eine Teilnehmerin selbstbewusst ins Mikrofon. Was für eine gute Idee. Ich habe auch schon Krisen überstanden und könnte diese Erfahrung für mich nutzen! Also schreibe ich das in meinen Block: Vertrauen in mich und meine Fähigkeit, Krisen zu überstehen. Immerhin schon mal ein Punkt!

Eine Frau vor mir sagt „Ich kann Liebe für mich aus meiner Liebe für andere ziehen". Das ist ein schöner Ansatz. „Meine Schaffenskraft hilft mir, mich selbst zu lieben!", „Mein Glaube!" – so viele tolle Beiträge, die ich mir alle aufschreibe, in der Hoffnung sie auch für mich anwenden zu können. Auch der Coach zeigt sich begeistert von den Beiträgen. „Sehr gut! Es ist anzunehmen, dass so die Selbstliebe in uns mehr und mehr entstehen kann, aus all diesen Gefühlen. Es ist daher wichtig und wertvoll, sie zu entdecken. Wir dürfen uns zuallererst selbst lieben lernen. Es ist eine harsche Wahrheit, aber ohne Selbstliebe ergeben all diese Persönlichkeitsentwicklungs-Seminare keinen Sinn. Deswegen werden wir uns in den nächsten Tagen intensiv mit verschiedenen Methoden beschäftigen, die uns unterstützen können, alte Blockaden aufzulösen. Damit ihr die wichtigste Liebesaffäre eures Lebens beginnen könnt – die mit euch selbst." Ich bekomme Gänsehaut und um mich herum ist freudige Aufbruchstimmung spürbar. Es ist so einleuchtend, natürlich muss ich mich zuallererst selbst lieben. Doch manchmal ist es eben wichtig, die grundlegendsten Wahrheiten einmal ausgesprochen zu hören, um sie begreifen zu können. Was hat Oma zu mir gesagt, vor drei Wochen, die wie eine Ewigkeit her scheinen? „Aus einem leeren Krug kannst du niemanden einschenken!" Ich darf mich selbst lieben, bevor ich jemand anderen lieben kann. Ich muss mir selbst helfen, bevor ich anderen helfen kann.

„Jetzt kommen wir aber vielleicht zu einer der ersten Herausforderungen", bremst der Coach meine Begeisterung, „um sich selbst lieben zu können, ist es wichtig, sich selbst zu kennen. Und zwar das authentische Selbst. Dieser wunderbare und unverwundbare Teil in uns, den jeder von uns hat und an den wir uns nun wieder mehr und mehr erinnern dürfen. Diesen dürfen wir in uns finden. Leider verlieren wir oft den Bezug zu uns selbst, zu diesem größeren Teil in uns und somit auch zu unseren Bedürfnissen.

Unsere Bedürfnisse sind ein wichtiger Wegweiser für uns auf dem Weg in unsere Authentizität und es gibt viele Gründe dafür, dass wir sie manchmal gar nicht mehr richtig wahrnehmen und spüren. Wir werden im Laufe der Tage sicherlich auch hier noch mal genauer auf die guten Gründe dafür eingehen, weshalb wir unsere Bedürfnisse in uns manchmal gar nicht wirklich wahrnehmen oder spüren können.

Authentisch sein und leben zu können, gelingt jedoch nur, wenn wir wissen, wer wir wirklich sind. Ich lade euch daher gerne ein, euch zu fragen:

WER BIN ICH? BIST DU DIE LEISTUNG, DIE DU ABLIEFERST? BIST DU DEIN JOB? BIST DU DEINE FAMILIE? ODER BIST DU VIEL, VIEL MEHR?

Nehmt euch hierfür ruhig etwas Zeit, um in Ruhe herauszufinden, wer ihr wirklich tief in eurem Herzen seid. Das ist eine Frage, die ihr nicht jetzt einfach mal schnell beantworten könnt, sondern für die es Zeit und Muße braucht. Das ist eine Frage, der ihr euch immer mal wieder liebevoll stellen dürft, denn es gibt keine ultimative Antwort darauf, die für den Rest des Lebens gilt.

Wir alle sind in einer stetigen Veränderung und so verändern sich natürlich auch unsere inneren Antworten auf diese Fragen immer wieder. Wenn ihr heute Abend zur Ruhe kommt und Lust verspürt, dann fühlt ruhig noch mal in die folgenden Fragen hinein:

WARUM BIN ICH HIER?
WAS IST MEINE BERUFUNG?
WAS WÜRDE MICH ERFÜLLEN?
WIE KANN ICH MICH SELBST STABILISIEREN UND UNTERSTÜTZEN?
WAS TUT MIR GUT? WAS LIEBE ICH?
WAS FEHLT MIR IM MOMENT IN MEINEM LEBEN?"

Ich schreibe akribisch alles mit, während die Fragen in meinem Kopf rotieren. Der erste Seminartag ist nicht mal halb vorbei und schon wälzt sich in meinem Kopf gefühlt alles einmal herum.

„Wenn ihr euren eigenen Herzensweg geht und auf eure innere Stimme hört, werdet ihr wahrnehmen, dass sich das Gefühl von Glück und Erfüllung mehr und mehr einstellt. Es ist ein Akt radikaler Selbstliebe, euch so sein zu lassen, wie ihr seid und nicht darauf zu warten, dass andere euch die Erlaubnis geben, euer wahres Selbst zu sein. Unser liebevoller Appell an euch ist immer wieder: Seid ehrlich zu euch, öffnet euer Herz und erlaubt euch, euer ganz unverfälschtes Selbst zu sein. Mit allem, was dazu gehört, mit den hellen und auch den dunklen Anteilen in uns. Denn die machen uns doch aus. Heute Nachmittag werden wir euch dazu gerne konkrete Übungen anbieten. Aber nun lasst uns gemeinsam erst einmal in eine wohlverdiente Mittagspause gehen. Genießt das gute Essen, gönnt euch etwas Ruhe und lasst eure Gedanken immer wieder liebevoll schweifen. Es geht sehr wahrscheinlich im Leben, und auch hier, immer wieder einfach nur darum, sich selbst jeden Tag noch ein Stückchen mehr anzunehmen, so wie wir eben sind und genau das immer mehr zu lieben. Das können wir aber nur, wenn wir wissen, wer wir sind – mit allen Ecken und Kanten!", schließt der Coach ab.

Mit dem Kopf voller Gedanken und Fragen schlendere ich mit Elena zum Speisesaal. Was es hier wohl gibt? Wenn wir unserem Herzen hier Gutes tun, dann hoffentlich auch unserem Magen! Wir wählen einen Platz auf der Terrasse, der im Schatten einer mit Wein bewachsenen Pergola liegt. Tatsächlich werde ich nicht enttäuscht. Zum Mittagessen können wir zwischen vegetarischen Pappardelle Toscane, extrabreiten Bandnudeln mit einer Pilz- und Gemüsesauce oder einem veganen Teller mit verschiedenem biologisch angebautem Gemüse wählen. Alles klingt gut, aber Elena und ich entscheiden uns für die Pappardelle, dazu trinken wir leichten Weißwein.

„Ich muss ja ganz ehrlich sagen", meint Elena, nach ihrem ersten Schluck Wein, „ich komme zu 50 Prozent für die Persönlichkeitsentwicklung, zu fünf Prozent für das schöne Wetter und 45 Prozent für das Essen."

„Ich glaube, ich teile diese Einschätzung zu 100 Prozent!", grinse ich sie an. Als der Teller Nudeln vor mir steht, schießt mir kurz durch den Kopf, dass ich vollkommen glücklich damit wäre, mich in dem Teller mit stückiger Sauce zu vergraben und die extrabreiten Nudeln als warme Decke zu benutzen. Der würzige Duft von Thymian und Rosmarin steigt mir bei jedem Bissen aufs Neue in die Nase. Die Nudeln gleiten seidig in meinen Mund und jede einzelne Zutat der Sauce tanzt in perfekter Harmonie auf meiner Zunge. Ich verstehe schon, dass die italienische Küche große Dichter begeistert und inspiriert hat. „Eine Sache, die ich jetzt schon auf meine 'wer bin ich eigentlich'-Liste setzen kann, ist ‚Genussmensch'! Ich glaube, so hätte ich mich vor einer Weile nicht charakterisiert und ob ich das schon bin, weiß ich nicht. Aber ich möchte einer sein. Nie wieder möchte ich in der Mittagspause irgendetwas hinunterschlingen, damit ich wieder schnell arbeiten kann. Ich möchte bewusst genießen. So wie jetzt."

„Das ist ein sehr guter Vorsatz!" Elena prostet mir zu. „Letztendlich ist das doch der Sinn unseres Daseins, oder? Glücklich sein. Unsere Zeit genießen. Wir sind geistige Wesen in irdischen Körpern und beide dürfen genährt werden."

∞

Als wir nach dem Essen und einem kleinen Spaziergang durch den Garten des Anwesens zurück in den Seminarsaal kommen, sind alle Stühle an die Wand geschoben. Die Teilnehmenden stehen in Gruppen zusammen, lachen und warten gespannt auf unsere nachmittägliche Lektion. Es sind so viele unterschiedliche Menschen hier und fast alle scheinen sich zu kennen. Wie viele Seminare es wohl braucht, um sich kennenzulernen? Vielleicht werden ja mehr Kapazitäten in meinem Gehirn frei, um sich Namen zu merken, wenn ich nicht mehr so viel Energie darauf verschwende, mich schlecht zu fühlen?

„So ihr Lieben" erklingt eine Stimme über das Lautsprechersystem und ich schaue mich suchend nach ihrem Ursprung um. Schließlich entdecke ich eine kleine, rundliche Frau mit langen Haaren, wachen Augen und einem Headset in der Mitte des Raumes. Spannend! Was jetzt wohl passiert? „Wir werden uns, nur mit eurer Einverständnis vorausgesetzt, erstmal ein wenig bewegen", sagt sie verschmitzt. „Das sollte man nach dem Essen ja sowieso und wir alle haben ja wahrscheinlich schon den ganzen Vormittag plus die Anfahrt hierher sitzend verbracht. Verteilt euch daher gerne im Raum, sodass ihr etwas Platz um euch herum habt."

Dann erklingen Trommeln, ein klarer und sehr simpler Rhythmus, so laut, dass der Boden mit vibriert und er sich bis in meinen Bauch ausbreitet. Es ist lange her, dass ich vor und mit anderen Menschen getanzt habe, es fühlt sich seltsam an. Aber auf eine gute Art. Auf der anderen Seite des Raumes entdecke ich Carl, der mit geschlossenen Augen seinen Körper im Takt der Trommeln bewegt, vielleicht ein bisschen neben dem Takt. Aber das ist egal. Eine Frau neben ihm tanzt und dreht sich wie wild. Beides ist vollkommen gut und richtig, niemand schielt aus dem Augenwinkel auf sie (außer mir gerade in diesem Moment), niemand bewertet ihre Art zu tanzen. Es sind sie und der Rhythmus, alles darf so geschehen, wie es das eben gerade tut. Ich weiß nicht, wie lange wir alle zusammen in dem abgedunkelten Raum zu den Trommelklängen tanzen. Der Rhythmus verändert sich einige Male, wird mal schneller, mal langsamer, bis er ganz regelmäßig, wie ein Herzschlag, wird und dann verklingt. Das Licht geht wieder an und ich stehe mitten im Raum, ein bisschen außer Atem. Neben mir entdecke ich Elena, ihr Pony ist gar nicht mehr so akkurat, sie ist aus der Puste und hat ein breites Strahlen auf dem Gesicht. Sie zwinkert mir zu und ich grinse zurück.

„So meine Lieben, jetzt seid ihr ja schon wach und aufgewärmt, deswegen machen wir nun eine Übung, bei der ihr euch bewegen dürft. Spaziert doch gerne mal hier durch den Raum, ganz entspannt und beobachtet, was passiert, wenn ihr auf jemand anderen trefft. Wie fühlt ihr euch, was macht das mit euch, wie geht ihr damit um?"

Mit einem beherzten Klatschen beginnt sie die Übung und um mich herum fangen alle an sich zu bewegen.

Während ich noch still stehe, gehen die anderen etwas unsicher aufeinander zu. Ein junger Mann kommt geradewegs auf mich zu und ich weiche automatisch aus, drehe mich zur Seite, lasse ihn vorbei. Während ich mich zurückdrehen möchte, stoße ich mit einer Frau zusammen und entschuldige mich sofort. Sie lächelt mich an, „Warum entschuldigst du dich? Ich bin in dich hinein gerannt." Bevor ich antworten kann, geht sie weiter.

Die Stimme der Seminarleiterin ertönt über den Lautsprecher „Wie bewegt ihr euch um andere Menschen herum? Weicht ihr sofort aus? Haltet ihr euren Raum?"

Ich bleibe stehen, ich bewege mich gar nicht und weiche trotzdem aus. Was sagt das über mich?, schießt es mir durch den Kopf.

„So wie Menschen sich jetzt hier um euch herum bewegen und teilweise über eure Grenzen hinweg gehen, gehen Menschen auch im Alltag über eure Grenzen hinweg. Menschen mit wenig Selbstliebe ziehen sich eher zusammen und machen sich damit unsichtbar. Sie geben ihren Raum auf. Dann wundern und beschweren sie sich aber, wenn Andere diesen Raum einnehmen. Betrachtet hier euer Umfeld, den Bereich um euch herum. Das ist euer Raum und ihr dürft ihn halten, ihr seid es wert. So, nun lade ich euch ein, einmal fest dort stehen zu bleiben, wo ihr seid. Die Beine sind hüftbreit, atmet tief ein und fühlt eure innere Mitte. Sie ist wie ein Pendel, das entweder hin und her schwingt, ins Außen geht, oder in eurem Zentrum steht. Spürt in euch hinein, fühlt eure Mitte."

Während ich versuche, mir meine Mitte als Pendel vorzustellen, spüre ich schon den Schwung nach außen. Dieses Bild hilft mir, zu erfühlen, wie sehr ich nicht bei mir bin. Ich gehe durch meine Erinnerungen, suche nach einer Situation, in der ich nicht sofort ausgewichen bin, meinen Raum halten konnte oder mich wenigstens aktiv bewegte, aber mir fällt keine ein. Habe ich so wenig Selbstwert? Die Erkenntnis trifft mich, sie macht mich unglücklich und sie beschämt mich.

Wenn nicht ich selbst für mich einstehen kann, wer soll es denn dann tun? Ich sollte doch meine eigene größte Unterstützerin sein. Mir steigen Tränen in die Augen, als mir klar wird, wie wenig ich meine Interessen vertreten habe. Mein größtes Ziel bisher war immer, andere glücklich zu machen. Aber wer denkt denn daran, mich glücklich zu machen? Ich erinnere mich daran, dass ein Coach gesagt hat, dass es für alles einen guten Grund gibt. Was wohl der „gute Grund" bei mir und in meinem Leben bisher war, dass ich es nicht lernen konnte, meinen Raum einzunehmen und für mich einzustehen? „Spürt ihr alle eure Mitte?", fragt die Seminarleiterin. Ich atme tief durch, stelle mir das Pendel mit geschlossenen Augen vor, sehe, wie es weit erst nach links schwingt, dann nach rechts. Ich stelle mir vor, wie ich meine Hand an dieses Pendel lege und führe es zurück, bis es ganz bei mir ist und in mir ruhig steht. Ich atme tief ein und aus. Meine Mitte bleibt bei mir. Ich bleibe bei mir. Ich stehe für mich ein.

„So, nun geht noch einmal durch den Raum, aufeinander zu, bleibt voreinander stehen und achtet mal darauf, ob sich euer Gefühl dabei jetzt verändert."

Ich gehe los. Ein erster Schritt. Tatsächlich und meta-phorisch. Mein erster, kleiner Erfolg und ich bin stolz auf mich. Mal sehen, wie es jetzt für mich weitergeht. Schnell bleiben ein älterer Mann und ich voreinander stehen. Er lächelt mich an, die Situation ist entspannt, aber ich spü-re den Drang, ihm auszuweichen, den Weg freizugeben. Ich sehe mein inneres Pendel, das sich zum erneuten Schwingen bereit macht. Aber ich bleibe stehen, atme durch, fühle den Boden unter meinen Füßen und lächle zurück. So stehen wir voreinander. Es ist, als würde mein ganzer Körper vibrieren. Meine Mitte, die ich noch im-mer als Pendel sehe, ist schon wieder bereit auszuschwin-gen, aber ich halte meinen Raum. Ein paar Sekunden, bis ich fast wieder nachgebe, da erklingt die Stimme der Seminarleiterin: „Gerade für diejenigen von euch, die im-mer schnell ausgewichen sind, ist das eine große Heraus-forderung. Aber jedes Mal, wenn ihr euren Raum haltet, und sei es nur für ein paar Sekunden, kommt ihr eurem Ziel näher. Vielleicht erinnerst du dich auch an die eine Situation aus deiner Kindheit, in der du gelernt hast, lie-ber auszuweichen, dich selbst zurückzunehmen, eher auf die Anderen in deinem Umfeld fokussiert zu sein, damit du dich sicher fühlen kannst. Es gibt für alles einen guten Grund in unserem Leben und manchmal mussten wir uns sehr zurücknehmen, um uns sicherer zu fühlen. Wir waren als Kinder absolut abhängig von unseren Bezugs-personen und mussten alles tun, damit wir nicht aus dem Gefüge gefallen wären.

So erlernen wir früh unsere Überlebensstrategien und eine davon kann sein, lieber auszuweichen, den Raum aufzugeben, sich anzupassen, lieb, brav und nett zu sein."
Ich bleibe vor dem Mann stehen, er lächelt mich an, ich lächle zurück. Dann weiche ich aus. Er geht weiter und ich versuche, nicht enttäuscht von mir zu sein. Ich habe angefangen. Bei unserer ersten Übung habe ich mich gar nicht bewegt, jetzt habe ich es geschafft, loszulaufen und meinen Raum wenigstens kurz zu halten. Nach ein paar weiteren Schritten stehe ich vor Carl. Seine grünen Augen blitzen mich an, aber dieses Mal bleibe ich. Wir stehen voreinander und ich weiche nicht zurück. Wahrscheinlich dauert dieser Moment nur wenige Sekunden, aber für mich fühlt es sich an wie eine Ewigkeit und es ist anstrengend. Noch immer sehe ich das Bild des Pendels vor meinem geistigen Auge, an das ich mich klammere und es mit aller Kraft vom Ausschlagen abhalten will. Er grinst mich an, beugt sich zu mir runter und flüstert „Du machst das gut." Seine Wange streift mein Gesicht, als er seinen Kopf zurückzieht und dann an mir vorbei weiter geht. Als die Anspannung verfliegt, fühle ich mich, als müsste ich sofort auf den Boden sinken und mich ausruhen. Ich hatte keine Ahnung, wie anstrengend es ist, nur zu stehen und meinen Raum zu halten.
„Danke, meine Lieben. Ihr dürft euch jetzt alle mal ausschütteln. Ich finde es toll, dass ihr euch so mutig eingelassen habt! Veränderung ist manchmal ein wenig herausfordernd, das werdet ihr in den kommenden Tagen noch ab und an hören und vielleicht auch selbst erfahren. Aber

all die Mühe, die ihr in euch selbst investiert, lohnt sich. Das ist sehr wahrscheinlich das beste Investment, das ihr jemals getätigt habt."

∞

Am Abend nach dem Seminar sitze ich mit Elena auf der Terrasse, blicke über Weinberge und genieße ein fabelhaftes Abendessen. Es gibt Tortelli Maremmani, die mit Ricotta, Spinat, wilden Kräutern und Muskat gefüllt sind, dazu Panzanella, einen Brotsalat mit frischen Tomaten und Gurken. Basilikum- und Petersilienduft liegt in der warmen Luft. Ich bin müde, aber das fabelhafte Essen baut mich wieder auf. Wir gönnen uns ein Glas Rotwein und starren schweigend auf die rot glühende, untergehende Sonne über den toskanischen Weinbergen. Was für ein Anblick. Kurz denke ich darüber nach, wie oft ich meine Abende im Büro verbracht und wie viel ich deswegen verpasst habe. Aber nur kurz. Das ist kein Gedanke, den ich heute Abend festhalten will. Viel lieber möchte ich mich auf morgen freuen und den Sonnenuntergang genießen.

„Wie geht es dir?", fragt Elena unvermittelt.

„Ich bin unheimlich müde, aber glücklich. Das war ein wirklich guter erster Tag. Kaum zu glauben, dass wir erst heute Morgen angekommen sind!"

„Ja, man versinkt so in einer Parallelwelt bei diesen Seminaren. Für mich ist das immer wie ein Urlaub von meinem Alltag."

Ich nicke. Das ist es. Ein Urlaub. Wenn auch nicht einer, bei dem man den ganzen Tag am Strand liegt, aber dafür sicherlich wesentlich nachhaltiger entspannend.

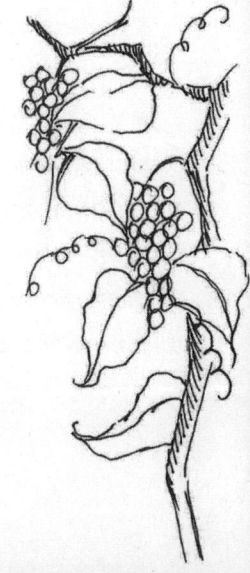

TAG 2 – FÜNF SCHRITTE UND DIE UNENDLICHKEIT

Der nächste Morgen beginnt früh. Mein Wecker klingelt um 7:30 Uhr. Sieben Uhr Dreißig. Eigentlich sollte das mein Urlaub sein. Urlaub bedeutet ausschlafen. Ich muss auf die Schlummertaste gedrückt haben, denn beim nächsten penetranten Plärren ist es bereits 7:40 Uhr. Die Seminare beginnen um 9:00 Uhr. Pünktlich. Ich denke kurz darüber nach, ob es nicht ausreicht um 8:50 Uhr aufzustehen, aber ich brauche ausreichend Zeit, um wach zu werden. Ganz im Gegensatz zu meiner Zimmernachbarin Bea. Sie ist fast doppelt so alt wie ich, aber während ich mich schlaftrunken ins Bad schleppe, um der fremden Frau im Spiegel die Zähne zu putzen, kommt sie verschwitzt, aber glücklich von „einem kleinen Morgenlauf" zurück, wie sie sagt. Fünf Kilometer „zum warm werden". So viel Energie am Morgen überfordert mich zwar, gleichzeitig bin ich aber auch schwer beeindruckt von ihr. Ich schaffe es bereits um 8:00 Uhr in den gemeinsamen Essraum und ziele direkt auf die Kaffeebar. Die Auswahl am Frühstücksbuffet ist fabelhaft und alles sieht lecker aus, aber ich kann morgens keine feste Nahrung zu mir nehmen. Wobei die Cornetti wirklich verführerisch aussehen. Ich schnappe mir so ein mit Schokolade gefülltes Stück Himmel, das wunderbar zu meinem Cappuccino passt. Schon beim Gehen beiße ich in den weichen Teig, da entdecke ich Elena, die mich auch gesichtet hat und zu mir hinüber winkt. Sie sitzt mit einigen anderen Menschen zusammen, schlürft ihren Latte Macchiato und hat unheimlich viel Energie für diese Uhrzeit. Bin ich denn der einzige Morgenmuffel hier?

„Na, da sieht aber jemand zerknautscht aus!", begrüßt sie mich strahlend.

„Seitdem ich nicht mehr morgens ins Büro muss, hat sich mein Tagesrhythmus verschoben", ich zucke mit den Schultern. „Um halb acht aufzustehen, ist schon echt hart für mich."

„Du wirst hier einige Frühaufsteher kennenlernen", sagt ein Mann, der mir gegenüber sitzt und auf dessen Namensschild „Christian" steht. „Für einige hat es sich bewährt, den Morgen zu nutzen, um in Ruhe den Tag zu beginnen." Zustimmendes Nicken in der Runde. Ich hoffe, dass frühes Aufstehen keine Grundvoraussetzung für erfolgreiche Persönlichkeitsentwicklung ist! „Ich meditiere morgens gerne und das kann ich nicht, wenn ich nebenher noch meine Kids für die Schule fertigmache." Christian grinst und setzt hinzu: „Es ist nicht leicht, einen Ort der Ruhe und Erleuchtung zu finden, wenn nebenher die Bude abbrennt. Also, stehe ich früh genug auf."

„Und das ist der Grund, warum ich keine Kinder habe", stellt ein junger Mann in gespieltem Ernst fest. Er ist ungefähr in meinem Alter und hat die braunsten Augen, die ich je gesehen habe. Ich möchte gerne darauf antworten, aber das Gespräch läuft weiter und ich war zu lange von seinen Augen abgelenkt. Elena ist ein echter Menschenmagnet, kein Wunder, dass ich mich bei ihr so wohlfühle. Viel zu schnell ertönt der Theatergong und wir machen uns auf den Weg in den Seminarraum. Dabei hätte ich mich gerne weiter mit den anderen unterhalten. Schon seit einer ganzen Weile habe ich mich nicht mehr so wohl unter vielen Menschen gefühlt. Ich habe mich immer mehr zurückgezogen, bis sogar der Gang in den Supermarkt überfordernd für mich war.

Der Prozess war so schleichend, dass ich gar nicht bemerkt habe, wie ich mich immer weiter einigele, aber jetzt mit ein bisschen Abstand fällt mir das unheimlich auf. Ein Glück hatte ich Menschen um mich herum, die mich da rausgeholt haben. Ich habe eine ganz neue Hochachtung für die Menschen, die ihre Probleme alleine erkennen und angehen! Als wir den Saal betreten, sehe ich über der Bühne eine große Leinwand, die mir gestern gar nicht aufgefallen ist. Wahrscheinlich, weil sie nicht in Betrieb und dunkel war. Darauf leuchtet heute ein großes Unendlichkeitszeichen, darunter steht „Die liegende Acht". Okay. Dieses Symbol kann ja beides sein. Ich bin gespannt und folge der Aufforderung des ersten Tages, mich neben jemanden zu setzen, den ich nicht kenne. Dort hinten sitzt der Mann mit den braunen Augen und da ich mich nicht an seinen Namen erinnere, finde ich, fällt dies unter ‚nicht kennen'. Ich schiebe mich durch die Stuhlreihe zu ihm.

„Ist hier noch frei?"

„Na klar!", er starrt mir auf die Brust und ich bin kurz entrüstet, bis mir auffällt, dass er mein Namensschild liest. „Anna. Setz dich zu mir. Ich bin Ben." Er hält mir sein Namensschild entgegen, auf dem „Benjamin" steht. Wir reichen uns die Hände. Ich möchte gerade noch ein wenig mit ihm smalltalken, aber da wird es schon dunkel im Saal und der erste Coach kommt auf die Bühne.

∞

„So, guten Morgen, ihr Lieben! Alle wach?"
Ein paar Leute jubeln, aber ausgehend von der Lautstärke waren das sicher noch nicht alle. Das fällt auch dem Coach auf. „Na, das wird heute im Laufe des Tages sicher noch besser! Wir werden euch schon noch liebevoll wachrütteln. Aber fangen wir erstmal an. Gestern haben wir nicht nur über euren Selbstwert, sondern auch über die Kopf- und Herzstimme gesprochen und warum die sich so oft uneinig sind. Der Kopf möchte uns vor schmerzhaften Erkenntnissen schützen. Denn Schmerzen sind pfui. Das ist ein ganz logisches Vorgehen. Rein neurologisch kann man das gut verstehen, denn das Gehirn denkt immer in Lösungen. Es hat den Auftrag, unser Leben so sicher wie möglich zu machen.
Wenn wir eine herausfordernde Situation erleben, dann kommt es aus dem Gleichgewicht. Es verbraucht in diesem Zustand zu viel Energie. Es sucht also nach einem Weg, wieder in einen kohärenten Zustand zu kommen. Wenn die Lösung früher hieß, sich anzupassen und es allen anderen recht zu machen, dann hat das Gehirn das abgespeichert. Wenn du diese Lösung in der Kindheit gefunden hast, dann lebst du dieses Programm jetzt schon viele Jahre.

Dein Gehirn hat aus dieser Lösung ein stabiles und verlässliches Netzwerk gebaut. Wie eine vierspurige Autobahn. Noch heftiger ist es, wenn du schlimme Erfahrungen in deiner Kindheit erlebt hast, die auf dich damals lebensbedrohlich gewirkt haben. Werden diese Netzwerke heute getriggert, reagierst du automatisch. Da kommst du gar nicht mehr dazu nachzudenken, sondern dein autonomes Nervensystem übernimmt.

Diese Autobahnen im Kopf haben über Kilometer keine Ausfahrt und wir kommen da nur schwer wieder raus. In diesen Situationen wird die Autobahn in deinem Kopf eher wie der Eurotunnel unter dem Ärmelkanal. Um wieder aus dem Tunnel herauszukommen, ist es wichtig, neue Ausfahrten zu bauen. Darum schauen wir uns die alten Wege immer wieder an und fragen nach, ob man sie nicht verlassen möchte und wo ihr also eure neue Ausfahrt braucht. Denn wir können nicht als Menschen wachsen, wenn wir immer nur dieselben Strecken befahren. Ich finde es aber auch hier nochmal ganz wichtig zu betonen: Es gibt immer einen guten Grund für unser Verhalten in gewissen Situationen. Niemand von euch ist einfach zu doof oder zu faul oder was auch immer man sich dann manchmal einredet. Euer Verhalten im Jetzt fußt auf einem Umstand in eurer Vergangenheit. Dieses Verständnis unterstützt uns, liebevoller auf uns selbst zu schauen. Denn es gibt für alles einen guten Grund. Die Art, wie wir im Moment reagieren, ist eine Reaktion auf etwas, was wir damals als Kind nicht so Gesundes oder Gutes erlebt haben. Alles in uns hat seinen Sinn und wir dürfen lernen, uns selbst zu verstehen, anzunehmen und liebevoll zu schauen, ob wir nicht neue Verhaltensweisen üben und in unser Leben integrieren wollen."

Wieder hallt Applaus aus den Reihen. Ich mag den Ansatz, liebevoll auf unser Verhalten zu schauen und da mit einer gewissen Milde ranzugehen. Eigentlich sollte das selbstverständlich sein, aber das ist es nicht. Jedenfalls nicht für mich. „Wir haben tatsächlich die Wahl und können das mit Bewusstsein und Liebe tun." Der Coach blickt in sein Publikum, das an seinen Lippen hängt. Ich sitze hier auf meinem Stuhl neben Ben und starre fasziniert auf die liegende Acht, die über dem Coach leuchtet. Dabei frage ich mich, wie viele alte Wege ich in meinem Leben immer noch gehe, obwohl es viele andere, besser passende für mich gibt.

„Ich versuche, es nochmal anders zu sagen. In unserem Leben sammeln wir Erfahrungen, ganz früh in unserer Kindheit werden die ersten Wege schon angelegt, die wir dann immer wieder langlaufen. Sie sind schon breit ausgetreten, wenn wir Erwachsene sind, und daher bequem, bekannt, sicher. Doch manchmal ist der Grund, warum wir diese Wege gehen, nicht der, wegen dem wir glauben, dass wir diese Wege gehen. Wir alle haben irgendeinen Mist auf den Wegen unseres Lebens, der stinkt und hässlich aussieht. Anstatt die Ärmel hochzukrempeln und diesen Mist wegzuschaffen, möchte unser Kopf sich den Mist lieber nicht ansehen. Also gehen wir drumherum, schauen in die andere Richtung, dann sieht man ihn nicht mehr und dann hängt man noch ein paar Raumbedufter auf, damit es nicht stinkt. Aber werden die Wege dadurch leichter zu gehen? Nein!"

Ich höre viel Zustimmung im Raum. Das klingt schon logisch. Wir gehen die ausgetretenen Wege immer wieder. Weil andere Wege erst mal gegangen werden müssen, weil man nicht weiß, was auf einen zukommt, weil sie vielleicht gefährlich sind. Vielleicht sind sie aber auch aufregend, toll und ohne stinkende Misthaufen an den Rändern.

„Wisst ihr alle, wovon ich spreche? Vielleicht hat ja jemand ein Beispiel?"

Ein Mann drei Reihen vor mir meldet sich und ihm wird von der Seite ein Mikrofon gereicht. Er ist ungefähr sechzig Jahre alt, hat graue Haare und wirkt angespannt. Er holt tief Luft, bevor er zu reden beginnt. „Ich habe mir lange eingeredet, meine Ehe sei okay so, wie sie ist. Meine Frau und ich ... wir haben uns mal geliebt, aber das ist so lange her, dass ich mich kaum noch daran erinnere. Aber ich dachte mir zuerst ‚das wird wieder' oder ‚für die Kinder machen wir weiter'. Genau da habe ich unsere Duftbäumchen aufgehangen, als wir uns mit blöden Annahmen beruhigt haben, statt gemeinsam an unseren Themen zu arbeiten. Ich bin den ausgelatschten Weg immer wieder und wieder gegangen. Aber es wurde nicht wieder und den Kindern ging es in dieser Familie genauso schlecht wie uns. Wie hätte es ihnen auch gut gehen sollen? Als meine Frau sich vor einem Jahr von mir getrennt hat, habe ich geweint, vor Erleichterung und vor Trauer zugleich. Gleichzeitig habe ich mich gefragt, wie es so weit kommen konnte. Was ist bloß geschehen, welche Ausfahrt hätte es früher gegeben, wie hätten wir wieder zueinandergefunden? Oder hätten wir uns in Liebe trennen sollen, statt zusammenzubleiben und uns zu verachten? Was genau hat dazu geführt, dass wir uns so auseinandergelebt haben? Ich wusste im Verlauf meiner Ehe schon, dass ich nicht glücklich war, aber ich habe mir irgendwann eingeredet, das sei normal. Mir ist jetzt erst klar, wie viel von meinem Leben ich damit verschwendet habe, unglücklich zu sein. Hätte ich mir diesen … na ja Mist, wie du sagst, diesen riesigen Misthaufen in meiner Ehe früher angesehen, wer weiß, was dann gewesen wäre. Vielleicht hätten wir beide einen anderen Weg gefunden, damit umzugehen, und wären heute noch zusammen."

Wir applaudieren ihm für seinen Beitrag, auch wenn mir eher danach ist, ihn in den Arm zu nehmen. Der Coach nickt und bedankt sich. „Vielen Dank für deine Offenheit. Das war bestimmt für alle Seiten eine anstrengende Zeit, die sich sicher oft ausweglos und frustrierend angefühlt hat. Wie ein Aushalten für alle Parteien, weil man nicht weiß, wie man es hätte besser lösen können. Man lenkt sich ab, redet es sich schön oder distanziert sich innerlich immer mehr, gibt keine Energie mehr in die Beziehung, sondern sucht sich außerhalb das, was man in einer Beziehung finden sollte. Wie du eben schon gesagt hast, wenn ihr hättet hinsehen können, wäre vielleicht etwas zum Vorschein gekommen, an dem ihr hättet arbeiten können. Aber jetzt ist es für dich wichtig, aus dieser Situation zu lernen." Er lächelt den Mann vor mir an, der sich wieder setzt und sich über die Augen wischt. Ich hätte nicht gedacht, dass wir heute schon zum Thema Partnerschaft kommen und ich bin wirklich beeindruckt, wie schnell die Coaches sich auf neue Themen einstellen können. „Gehen wir mal auf dieses Thema genauer ein, denn das ist ja wahrscheinlich für einige hier interessant!" Viel Zustimmung aus den Reihen der Zuhörer und auch Ben neben mir scheint noch aufmerksamer zuzuhören. Ich ertappe mich bei der Frage, ob er wohl eine Partnerin hat oder sucht, doch tadele mich direkt wieder. Ich bin nicht hier, um nach einem neuen Mann zu suchen! Erstmal möchte ich mit mir selber klar kommen. Also konzentriere ich mich wieder auf den Coach. „Paare trennen sich heute oft zu schnell. Denn meist geben wir unseren Partnern die Schuld an Problemen und Konflikten. Dabei übersehen wir gerne, dass wir unsere Partner nicht zufällig finden. Um es mal ganz simpel zu beschreiben, stellt euch vor, eure Partner halten einen Spiegel in den Händen, in dem ihr euch selbst und eure Themen erblickt. Am Anfang hängt ein rosa Schleier über dem Spiegel. Doch mit der Zeit rutscht er herunter und wir sehen unsere Themen im Anderen ganz deutlich. Das sind die Momente, in denen viele Beziehungen schon in die Brüche gehen. Eine schnelle Trennung ist aber nicht der direkte Weg zum Glück. Ihr nehmt die Themen, die zur Trennung geführt haben, immer wieder mit. Sie haben immer etwas mit einem selbst zu tun. Aber das wollen wir nicht so gerne sehen. Lieber fragen wir uns, warum unser Gegenüber sich so verändert hat. Früher war das doch eine ganz andere Person, oder? Nein. Früher war dieser rosa Schleier da, der über allem lag. Wir tendieren dazu, dem Anderen die Schuld an der Misere zu geben, doch das stimmt so nicht. Beide Partner haben Verantwortung in ihrer Beziehung. Wir haben diesen Partner mit genau diesen Themen angezogen – unterbewusst, natürlich."

Ich frage mich, ob sich das auch auf meine letzte Beziehung anwenden lässt. Müsste es ja. Ich denke über meinen Ex Daniel nach und über die letzten Wochen unserer Beziehung. Damals hatte ich schon das Gefühl, nicht mehr gesehen zu werden, nur eine Belastung für ihn zu sein. Ja, das sind schon meine Themen. Immer alle glücklich machen! Zu glauben, dass ich für meinen Partner nur Anstrengung bin, war unerträglich für mich.

„Kennt ihr das Gefühl, euer Partner war doch zu Beginn der Beziehung ganz anders? Hattet ihr schon mal den Gedanken, dass sich euer Partner verändert hat und deswegen die Beziehung kaputt gegangen ist? Wir alle kennen das! Doch meistens hat sich unser Partner gar nicht verändert. Unser vielleicht etwas verträumtes Bild von ihm wurde von der Realität abgelöst, denn die Ausstrahlung, die er hatte, passt genau zu unseren eigenen, ungeheilten Wunden. Passend zu den Themen, die man sich ansehen darf. Wir können den Spiegel abhängen, den nächsten Partner wählen, aber wir werden auch dort wieder etwas ähnliches im Spiegel sehen, nämlich uns, mit unseren ungeheilten Themen, Mustern, Überzeugungen und Wunden. Also wieder: Wir dürfen uns selbst erkennen und lieben lernen, bevor wir jemand anderen lieben können." Es wäre ja auch zu einfach, wenn wir hier lernen würden, uns den perfekten Traumprinzen herbeizuzaubern. Wie schade.

„Die Arbeit beginnt immer erst einmal bei uns selbst. Das soll jedoch nicht bedeuten, dass wir erst für eine Partnerschaft bereit sind, wenn wir unsere Themen vollständig gelöst haben", zwinkert er ermunternd, „denn das wird möglicherweise ein lebenslang anhaltender fließender Prozess sein, den es auch zu genießen gilt. Wir können in einer Partnerschaft, mit jemandem an unserer Seite, so viel wunderbares lernen. Das macht es oft viel leichter als uns alleine den Themen des Lebens zu stellen. Aber grundlegend ist es in allen Lebensbereichen das gleiche Prinzip: Wir alle haben Angst vor Veränderung in der einen oder anderen Form. Veränderung ist jedoch wichtig, wir können uns nicht weiterentwickeln, ohne etwas zu ändern. Es ist keine Schande, sich mal zu verirren und sich neu zu orientieren. Wir werden nicht nachhaltig wachsen, wir werden unsere Ziele und Visionen nicht erreichen, wenn wir nicht auch lernen, die ängstliche Stimme in unserem Kopf kennen und lieben zu lernen. Sie wird im Laufe der Zeit leiser werden, wenn wir lernen, uns selbst Sicherheit zu geben und uns mehr vertrauen. Wir dürfen neue Wege gehen und uns den Mist an den Rändern der alten Wege genauer anschauen."

Allgemeine Zustimmung von den anderen Teilnehmenden. Auch Ben nickt. Ich gehe davon aus, dass heute so
einige Tränen fließen werden. Sicherlich auch von mir.

„So, die Metapher der Wege und Misthaufen haben wir
jetzt aber zu Genüge genutzt. Um herauszufinden, welche ursprünglichen Auslöser uns belasten, dürfen wir uns
genau anschauen, wie sie uns jetzt strapazieren. Überlegt
mal bitte alle, welche akuten Themen habt ihr im Moment? Wir machen jetzt eine kurze Kaffeepause. Nutzt
gerne die Zeit und schreibt für euch mal in Ruhe auf, was
eure Herausforderungen im Jetzt sind."

Mit einem erleichterten Seufzen stehe ich auf und strecke mich. Kaffee klingt sehr gut. Ich schlendere aus dem
Saal hinaus zur Kaffeebar. Dort treffe ich auf Elena, die
lachend mit Christian in der Warteschlange steht. „Na
meine Liebe, brauchst du eine Tasse flüssiger Ambition?"

„Hast du da gerade nonchalant Dolly Parton zitiert?"

„Ja, das habe ich!"

„Ich wusste doch, dass es viele Gründe gibt, dich zu mögen."

Nachdem wir uns unseren Kaffee geholt haben, schlendern wir wieder in den Saal zurück. Ich spüre, dass meine
Schritte langsamer werden, als würde ich selbst versuchen, mich davon abzuhalten, diese Aufgabe zu erledigen. Wahrscheinlich ist das wieder mein Kopf, der nicht
möchte, dass wir unsere schöne, breite Autobahn verlassen.

„Wo sitzt du?", fragt mich Elena und ich zeige auf meinen
Platz. „Ah, bei Ben." Ich bin mir nicht sicher, was mir ihr

Tonfall sagen soll. Sie lächelt, ich zucke mit den Schultern und schiebe mich mit meinem Kaffee zurück zu meinem Platz. Ich atme tief durch und zücke meinen Block. Das wird ne lange Liste, ist mein erster Gedanke. Wie traurig, dass das mein erster Gedanke ist, ist mein zweiter. Ich sitze dort auf meinem Stuhl, mit dem Block auf meinen Knien und starre die leere Seite an. Mein ganzes Leben ist eine Baustelle. Ich bin überall blockiert. Das hat die Übung gestern deutlich gezeigt.

ICH LAUFE NICHT EINMAL LOS, WIE SOLL ICH IRGENDWO AN- KOMMEN?

Also, ich möchte wieder arbeiten gehen, aber ich habe keine Ahnung wo und wie und was ich arbeiten will. Ich möchte eine eigene Wohnung, aber die kann ich gerade nicht bezahlen. Ich hätte gerne einen Partner.

WAS HINDERT MICH DARAN?

Ich habe Angst davor, Fehler zu machen. Wieder einen Kackjob, wieder eine gescheiterte Beziehung, wieder allein in einer Wohnung, die ich nicht mag oder die ich mir eigentlich nicht leisten kann. Wow, das ist wirklich viel. Ben neben mir schreibt, streicht durch, schreibt wieder, kritzelt daneben, umkringelt. Während ich vor lauter Überlegung nicht zum Schreiben komme, scheint er all seine Gedanken auf dem Papier auszutragen. Wie sinnbildlich für mein Problem, schießt es mir durch den Kopf. Ich fühle mich überfordert, also mache ich nichts. Es ist ein seltsames Gefühl, so intensiv über meine Blockaden nachzudenken, vor allem ohne mich dafür abzulehnen, sondern mit dem Ziel, sie zu überwinden. Das mache ich normalerweise nicht. Im Gegenteil neige ich schnell dazu, mich kacke zu finden. Und um ehrlich zu sein, spüre ich auch jetzt wieder dieses nagende Gefühl, das bei mir direkt im Übergang zwischen Nacken und Hinterkopf sitzt. Es gräbt dort und flüstert mir zu, ich sei wertlos und eine Belastung für alle um mich herum. Ich habe keine Ahnung, wie ich diese Stimme leiser stelle und wo sie eigentlich wirklich herkommt. Aber ich hoffe sehr, dass ich es hier lernen und verstehen werde.

„So ihr Lieben, wie sieht es aus? Konntet ihr konkret benennen, was euch genau jetzt belastet? Es mag in solchen Situationen vielleicht schwerfallen, aber bitte denkt daran, dass wir uns bei allem, was wir nun hier ergründen, immer liebevoll und wohlwollend betrachten wollen."

Wahrscheinlich hätten andere, genau wie ich, noch stundenlang hier sitzen und nichts aufschreiben können. Der Coach steht wieder vor der Tafel, die abgefilmt und auf die große Leinwand hinter ihm übertragen wird, sodass auch die Leute in den hinteren Reihen alles lesen können, was darauf steht. Er fragt ins Publikum und laut werden ihm Antworten zugerufen.

„Ich fühle mich nicht gut genug", ruft eine Frau mit strengem Chignon, die ich nur von hinten sehe. Sie stellt sich als Louisa vor und nach Aufforderung des Coaches erzählt die Teilnehmerin, dass sie immer das Gefühl hat, den Erfolg in ihrem Job nicht verdient zu haben. Als wäre Louisa nur durch dumme Zufälle und zweifelhaftes Glück auf den Posten gekommen. Jetzt wurde ihr eine Beförderung angeboten, aber Louisa möchte sie nicht annehmen. Denn dann würden ja alle bemerken, dass sie ihren Job gar nicht kann. Louisa weiß, dass das nicht stimmt, aber sie hat es noch nicht auflösen können, sagt sie. Einerseits möchte sie diese höhere Position, andererseits hat sie unheimlich Angst davor. Ihr Chef hat ihr Zeit gegeben bis nach ihrem Urlaub, um sich zu entscheiden, und Louisa weiß nicht, was sie machen soll.

„Okay, Louisa, was ist das für ein Gefühl, das dich davon abhält, deine Erfolge als solche zu erkennen?", fragt der Coach. „Ist es eher mangelndes Vertrauen in dich oder vielleicht unterschwellig die Annahme, dass du keine Anerkennung für deine Leistung verdient hast?"

Sie überlegt, wiegt den Kopf hin und her und sagt dann: „Ich musste immer in meine Fähigkeiten vertrauen, es ist eher … ich kann es schwer beschreiben, aber dieses Gefühl kenne ich mein Leben lang schon. Es war immer da. Ich weiß zwar, was ich kann, aber es fällt mir schwer, anzunehmen, dass meine Fähigkeiten ‚gut' sind oder sogar besser als die von anderen. Ich glaube immer, mein Können ist nichts Besonderes. Das können doch alle. Der Gedanke, dass ich etwas besonders gut kann und andere sich auf meine Fähigkeiten verlassen, löst etwas enorm Unangenehmes in mir aus."

Der Coach nickt, als wüsste er genau, wovon sie spricht.

Ja, wahrscheinlich weiß er tatsächlich ganz genau, wovon sie spricht. Ohne langes Zögern, geht er auf ihre Schilderung ein: „Ich stelle dir einfach mal einige Fragen und du schaust gerne intuitiv, ob etwas für dich dabei ist, das passt, ja?

Folge einfach deinem ersten Gedanken, dem ersten Impuls. Okay?"

Louisa nickt stumm. Sie wirkt angespannt, aber bereit.

„Versuch mal, das Gefühl genauer zu spüren. Was ist da so unangenehm?"

Ihre Antwort kommt sofort: „Ich möchte Menschen, die sich auf mich verlassen, nicht enttäuschen."

„Warum nicht?"

„Weil sie dann gehen. Weil sie mich dann ... nicht mehr mögen." Die letzten Worte kommen nur noch stockend, ich kann hören, dass sie angefangen hat zu weinen.

Mein Herz zieht sich zusammen und ich möchte sie sofort in den Arm nehmen und trösten. Ich kann mich so in sie hineinversetzen und als ihr Schluchzen durch den Raum hallt, spüre ich, wie mir Tränen in die Augen steigen. Ben neben mir reicht mir verstohlen ein Taschentuch und ich bedanke mich mit einem kleinen Lächeln, während ich mir die Tränen aus den Augen wische. Der Coach auf der Bühne gibt ihr einen Moment Zeit, um sich zu sammeln, bis er ihr die nächste Frage stellt. „Wie alt warst du, als du angefangen hast, das zu denken? Welches Alter fällt dir spontan ein?"

„Fünf", antwortet sie, als hätte sich gerade ihr ganzes Leben wie ein riesiges Puzzle zusammengefügt.

„Was war da los in deinem Leben?" Sie holt tief Luft und zögert. Ihre Antwort ist so leise, dass ich sie kaum hören kann. „Mein Vater ist gegangen. Er hat mich und meine Mutter einfach im Stich gelassen."

„Was hast du damals gefühlt? Wie hast du als Kind darauf reagiert? Was hat die Kleine über sich gedacht?"

„Sie hat geglaubt, dass sie schuld ist", presst sie unter Tränen heraus. Wieder gibt der Coach ihr Zeit, sich kurz zu sammeln. „Du bist offensichtlich gewachsen und eine starke Frau geworden. Magst du in deiner Vorstellung einmal zu diesem kleinen, verletzten Mädchen zurückgehen? Siehst du die Kleine vor dir?" Die Frau nickt. „Kannst du Mitgefühl für sie fühlen? Kannst du sie verstehen?"

„Ja, sie hat gedacht, ‚Was bin ich denn schon Wert, wenn er mich einfach zurücklässt? Ich bin schuld, schuld daran, dass er uns verlassen hat.'" „Und das glaubt ein Teil in dir immer noch?", fragt er liebevoll. „Schau dir die kleine Louisa einmal an."

Sie schüttelt den Kopf, schnieft und spricht erstaunlich gefasst weiter. Jetzt ist sie wieder die Erwachsene mit der strengen Hochsteckfrisur. „Ich weiß natürlich, dass ich nicht schuld war. Meine Eltern hatten ihre eigenen Probleme und mein Vater hat sich dazu entschieden, die Probleme durch Wegrennen anzugehen." Sie klingt fast trotzig. „Dann sag ihr das einmal", sagt der Coach, „und vielleicht magst du ihr sagen, dass sie nichts falsch gemacht hat, sie ein wundervolles kleines Mädchen ist und dass du sie liebst. Möchtest du das?" Sie nickt und kämpft wieder mit ihren Tränen: „Ich habe sie schon im Arm." Ihre Stimme ist leise und klingt ganz anders, als zuvor. Die Strenge und Härte ist jetzt wieder gänzlich aus ihr gewichen. Wir applaudieren und ich kann sehen, wie Menschen um sie herum sie umarmen. Dieser Raum ist sicher und voller Liebe.

An uns alle gewandt sagt der Coach: „Das ist ein gutes Beispiel dafür, wie das sogenannte magische Kinderdenken uns im Erwachsenenleben noch beeinflusst. Wir glauben, wenn im Außen etwas passiert, wie zum Beispiel die Trennung der Eltern, dann hat das etwas mit uns zu tun. Daraus interpretieren wir dann die unterschiedlichsten Dinge. Zum Beispiel, dass ich es nicht wert bin geliebt zu werden, sondern dass ich etwas falsch gemacht habe. Dieser Gedanke liegt dann als Grundstein für alle folgenden Gedanken in uns. Es ist völlig normal, als Kind so zu denken. Kinder beziehen automatisch erst einmal alles auf sich selbst. Besonders dann, wenn niemand von außen ihnen die Dinge einfühlsam und liebevoll erklärt, müssen sie selbst solche damals ‚magischen Schlüsse‘ ziehen und diese haben immer etwas mit ihnen selbst zu tun. Ein Kind kann das noch nicht verstandesmäßig, sinnvoll und logisch einschätzen." Dann wendet er sich nochmal an sie und doch gleichzeitig an uns alle: „Deine herausfordernde Erfahrung in deiner Kindheit hat fast dazu geführt, dass du als Erwachsene einen Job, den du verdient hast, nicht annehmen willst. Du bist es so sehr wert und du wirst es immer mehr spüren, wenn du diesem Mädchen deine Liebe und Aufmerksamkeit schenkst."
Auch mir laufen schon wieder, oder immer noch, Tränen

über das Gesicht und ich frage mich, warum mich das so berührt.

HABE ICH AUCH SO EIN KLEINES MÄDCHEN IN MIR? WAS HABE ICH FÜR GLAUBENSSÄTZE, DIE IN MEINEM UNTERBEWUSSTSEIN IHR UNWESEN TREIBEN?

Als ich mich umsehe, bemerke ich, dass viele hier Tränen in den Augen haben. Anscheinend also ein ganz normaler Seminartag.

Wir machen eine kurze Pause, die ich gerade auch dringend brauche, um mich wieder zu sammeln. Während wir den Saal verlassen, läuft Ben neben mir. „Geht es dir wieder gut?"

„Ja, mich hat das eben nur mitgenommen. Die Erkenntnis, dass unsere frühsten Kindheitserlebnisse die Vorlagen sind für die Entscheidungen im Erwachsenenleben, erklärt so viel. Das ist gleichzeitig absurd und logisch. Ich frage mich die ganze Zeit, wovon mein inneres Kind noch immer verletzt ist. Dann wieder denke ich, wenn man sich bewusst macht, wie nachhaltig man seine Kinder beeinflusst, wie kann dann noch eine einzige Person auf der Welt Kinder bekommen, ohne durchzudrehen?"

„Das sind aber viele Gedanken, die da auf einmal durch deinen Kopf schießen."

„Ja, und alle gleichzeitig."

Er lacht. „Hm, ja – da wäre ich auch gestresst. Komm, wir holen uns einen Beruhigungskaffee und genießen die Sonne. Ich habe für mich festgestellt, dass nichts besser gegen Stress hilft, als ein paar Mal im Sonnenschein durchzuatmen!"

Der Gedanke gefällt mir, ebenso wie Bens braune Augen und seine warme, tiefe Stimme. Also schlendern wir gemeinsam mit unserem Kaffee in den Innenhof, suchen uns einen Platz auf der Wiese und strecken unsere Nasen für fünf Minuten in die Sonne. Ein Glück habe ich auch heute Morgen daran gedacht, mich mit Sonnenschutzmittel einzucremen.

∞

Als wir nach unserer kurzen Pause wieder in den Seminarraum kommen, leuchten drei Worte auf der Leinwand hinter der Bühne auf:

GESTERN, HEUTE, MORGEN

Darunter wieder die liegende Acht, die golden leuchtet. Wir suchen uns neue Plätze und Ben setzt sich wie selbstverständlich neben mich. Wir sollten ja schließlich nur versuchen, immer neben jemandem, den wir nicht kennen, zu sitzen. Außerdem bin ich mir ziemlich sicher, dass es auch für diejenigen gilt, die wir noch nicht gut genug kennen. Ben möchte ich unheimlich gerne näher kennenlernen.

Applaus kündigt wieder die Coaches an und dieses Mal tritt Marie nach vorne, die ich sofort an ihren blonden Haaren wiedererkenne. Sie begrüßt uns herzlich und voller Energie. „So, ihr Lieben! Ihr habt schon eine ganze Menge hinter euch und dürft stolz auf euch sein! Der erste wichtige Schritt, den ihr heute mutig gegangen seid, ist eure Themen zu erkennen. Ihr werdet noch die Möglichkeit haben, in Gruppengesprächen mit einem Coach, diese genauer zu betrachten. Zunächst werdet ihr aber feststellen, dass in unserem Leben alles miteinander zusammenhängt. Was wir heute tun und sind, ist Ergebnis dessen, was in unserer Vergangenheit war und wer wir damals waren. Unsere Probleme im Jetzt haben ihren Ursprung in unserer Vergangenheit. Mit ihr dürfen wir uns beschäftigen, damit wir uns die Zukunft erschaffen können, die wir uns erträumen."

Die liegende Acht, dieses Unendlichkeitszeichen auf der Leinwand, beginnt sich zu bewegen. Wie ein endloser Fluss strömt es in ihr aus der Mitte, dem Punkt, an dem sich diese Linie selbst kreuzt, nach links und von dort herum, hoch und über den Knotenpunkt weiter in die rechte Schlaufe. Ein endloser Fluss. Marie zeigt auf den Knotenpunkt in der Mitte. „Das ist euer Jetzt. Dort zeigt sich euer Thema. Da staut es sich." Die Mitte der liegenden Acht verdunkelt sich. Der Strom staut sich an seinem Zentrum. „Wir dürfen diese Blockade in der Mitte lösen, all das Treibholz unserer Vergangenheit aus dem Fluss ziehen, damit wir diese Energie für unsere Zukunft nutzen können." Die linke Seite der Acht wird dunkler, bis der nun fast schon schwarze Fleck in der Mitte sich auflöst und der unendliche Fluss wieder golden wird. „Jedes Problem hat eine Ursache und diese liegt meist in der Vergangenheit. Wenn du heute kein Essen im Kühlschrank hast, warst du vielleicht gestern nicht einkaufen. Nur mal als ganz banales Beispiel. Wir haben es vorhin schon angesprochen, aber es ist so wichtig, dass ich es nochmal sagen möchte: Als Kinder suchen wir nach Strategien, die uns und unser Leben ‚sicher' machen. Diese Strategien verankern sich in unserem Unterbewusstsein. Wir wenden sie immer wieder und wieder an. Aber je nachdem, wie wir aufgewachsen sind, sind diese Muster im Jetzt nicht sonderlich hilfreich. Das haben wir ja vorhin wieder gehört. Dann dürfen wir sie uns genau anschauen und überlegen, ob wir sie weiter verwenden wollen. Ein bisschen wie bei Aschenputtel, wir sortieren unsere Strategien jetzt. Die Guten ins Töpfchen, die Schlechten ins Kröpfchen. Oder so ähnlich."

Sie lacht wieder so ansteckend. Mir gefällt die Vorstellung, meine Glaubenssätze und Strategien säuberlich vor mir auszubreiten und zu sortieren. Welche behalte ich, welche kommen auf den Müll. Ein mentales Ausmisten! Da ist der angekündigte, seelische Frühjahrsputz.

„Wir sind im Jetzt all das, was unsere Vergangenheit uns mitgegeben hat. Gut, schlecht, hilfreich, hinderlich. Um unsere Zukunft so zu gestalten, wie wir sie uns wünschen, ist es sinnvoll, wenn wir uns mit unserer Vergangenheit beschäftigen. Was ist das eigentliche Thema? Dein Thema ist eventuell nicht", sie zeigt auf Louisa, „dass du dir nichts zutraust. Deine Herausforderung könnte sein, dass du nie lernen konntest, dir etwas zuzutrauen. Dein Lernfeld könnte daher sein, dass dein Kopf dir sagt ‚Probiere es besser nicht, dann kannst du auch niemanden enttäuschen'. Das ist sicherer! Wir alle haben solche Glaubenssätze. Sie laufen einfach so mit. Ganz unbewusst. Und wir sind hier, um euch dazu einzuladen, sie genauer zu untersuchen und euch dabei zu unterstützen!"

Das Gefühl in mir nach dieser Ansage ist eine Mischung aus aufgeregter Vorfreude und Angst. Was dabei wohl herauskommt? Ben neigt sich zu mir hinüber und flüstert: „Ich bin schon ganz gespannt auf die nächsten Übungen. Das ist mein zweites Seminar, das erste ging nur ein Wochenende, aber das war schon sehr intensiv und …" mit Gesten und Geräuschen formt er eine Explosion neben seinem Kopf, „Mind blown, mega bereichernd und einfach krass."

„Für mich ist es das erste Seminar in dieser Form und ich weiß auch noch nicht, ob ich mich damit total überfordert habe."

„Das glaube ich nicht. Man nimmt bei diesen Seminaren meistens nur mit, wozu man bereit ist. Das ist auch gut so. Meine Erfahrung ist, dass es sich lohnt. Wenn du das Gefühl hast, alles ist doof und du total down bist nach einer Übung, dann solltest du die nächste erst recht machen. Um eine Chance zu haben, das ungute Gefühl, endlich in etwas Gutes zu verwandeln."

„Weise Worte, junger Mann", grinse ich ihn an.

„So jung bin ich gar nicht, aber die Beschreibung als ‚weise' nehme ich sehr gerne an."

Da ist wieder dieses umwerfende Lächeln. Wie soll ich mich denn nur auf die nächsten Übungen konzentrieren?

„Ein wichtiger Kernpunkt unserer Coaching-Methode ist der schon häufig angesprochene Blick in die Vergangenheit. Wie auch bei Louisa geht es darum, hinderliche Glaubenssätze abzulegen, indem ihr euer inneres Kind heilt. Es gibt viele verschiedene Methoden, um Kontakt zum inneren Kind herzustellen. Aber das ist nur der erste Schritt. Danach kommen das Loslassen und das Heilen. Dazu brauchen wir Liebe und Geduld. Liebe zu uns selbst. Wir sagen es gerne immer wieder, weil es so wichtig ist: Ohne Selbstliebe ergibt das alles wenig Sinn. Wir dürfen stetig üben, uns selbst wohlwollend und liebevoll zu begegnen. In jeder Situation unseres Lebens – besonders in den herausfordernden. Denn alles, was heute noch da ist, hat einen guten Grund. Wir haben gut auf etwas Ungutes reagiert, wir haben überlebt und dürfen nun Stück für Stück schauen, ob uns diese Gedanken, Strategien und Muster noch dienen. Heute Nachmittag wird es also intensiv darum gehen, dass wir alte negative Glaubenssätze erkennen und loslassen. Aber nun wollen wir erstmal eine ausgedehnte Mittagspause mit viel Sonne und Genuss erleben und viel Spaß haben – denn darum geht es doch im Leben!"

∞

Ich habe heute zu viel Kaffee getrunken und mein Bauch rumort. Also lasse ich das Mittagessen ausfallen und verbringe meine Pause lieber mit einem Spaziergang durch den Garten des Anwesens. Ich glaube, den restlichen Tag sollte ich nur Wasser und Kamillentee trinken. Der Gedanke macht mich nicht sonderlich glücklich. Aber wenn ich in meiner näheren Zukunft nicht unter Sodbrennen leiden will, darf ich in meinem Jetzt dementsprechende Entscheidungen treffen. An einem Trinkwasserbrunnen fülle ich die Flasche, die ich gestern als Geschenk bekam und fühle mich direkt besser. Eine Lektion aus dem Seminar direkt umgesetzt – ich gebe mir selbst eine Eins mit Sternchen!

Die italienische Spätsommersonne scheint in den großen Innenhof des Anwesens. Ich habe Carl wiedergefunden, der rauchend auf einer Bank sitzt und sich mit anderen Teilnehmenden unterhält. Wir müssen insgesamt knapp 250 Leute hier sein und er scheint fast jeden hier zu kennen. Als ich mich zu ihm setze, strahlt er mich an.

„Na, wie gefällt es dir bisher?"

„Gut. Es ist so schön hier. Aber ich glaube, da kommt noch einiges auf mich zu."

„Ach, weißt du, das fühlt sich manchmal auch nur so an. Im Grunde sind es immer wieder die gleichen Dinge, die sich nur auf unterschiedliche Art und Weise zeigen. Wenn man die einmal erkannt hat, wird es viel leichter." Er wendet sich an einen Mann, der neben ihm sitzt. „Erinnerst du dich noch an unser erstes Seminar, Kai?"

„Oh Mann, ich habe in meinem ganzen Leben nicht so viel geheult, wie an dem Wochenende! Wenn man sich erstmal bewusst macht, was man alles so mit sich rumschleppt und wie viel Ballast man loslassen kann … das ist schon heftig. Aber schön. Die alten Gewohnheiten abzulegen, ist befreiend."

Carl nickt. Er sieht kurz etwas traurig aus. „Ja, man ist es halt gewohnt, mit den Blockaden zu leben, und es ist auch viel komfortabler, einfach weiterzumachen wie vorher. Das findet das Umfeld meistens auch schöner. Man wird anstrengend, wenn man plötzlich anfängt, alles zu hinterfragen, an sich selbst zu denken und die eigenen Träume zu verfolgen. Meine Familie hat die erste Zeit, nachdem ich die Firma verkauft habe, nicht mehr mit mir geredet."

„Mensch Carl, das ist ja furchtbar!", entfährt es mir.

„Ne, Anna, ist es eigentlich nicht. Da ich nicht weiter gegen sie gekämpft, sondern mein Herz offengehalten habe, sind wir uns wieder näher gekommen. Wir sind aus einem dauernden Konflikt, der meiner Unzufriedenheit entsprang, zu mehr Verständnis füreinander gekommen. Das ist unheimlich schön. Sie verstehen meine Entscheidung zwar nicht, aber umso mehr ich mich akzeptiert habe, umso mehr konnten sie es auch. Jetzt haben wir eine ehrliche und aufrichtige Beziehung zueinander und das ist unheimlich wertvoll." Ich nicke. Trotzdem muss es schrecklich sein, die Unterstützung seines alten Umfeldes zu verlieren, weil man sich nun mehr mit sich selbst beschäftigt. Wollen wir nicht alle einfach nur glücklich sein? Sollten wir das nicht auch für unsere Lieben wollen?

„Was hast du denn an Blockaden im Jetzt gefunden?", fragt mich Carl, „außer, dass du der Meinung bist, deine Oma liebt ein Auto mehr als dich?" Da ist wieder dieses provokante, etwas arrogante Grinsen und es folgt sofort mein Bedürfnis, ihm vors Schienbein zu treten. Carl fühlt sich inzwischen ein bisschen an wie ein großer Bruder. Liebevoll, herausfordernd und ziemlich anstrengend. Einige andere, die bei uns sitzen, schauen mich an. Ich glaube, ich hatte noch nie so viele Menschen um mich herum, die aufrichtig daran interessiert sind, wie es mir geht und was ich glaube, was meine Probleme gerade sind.

„Was mir inzwischen klar ist – dass ich mich total verloren fühle. Ich habe mein ganzes, altes Leben aufgegeben, meinen Job, die Freundschaften, die daraus entstanden sind, meine Wohnung, weil ich nicht mehr weitermachen konnte. Jetzt weiß ich nicht, wohin mit mir und es scheint so, als könnte ich keine einzige konkrete Entscheidung treffen."

Verständnisvolles Nicken um mich herum. Ich bin überrascht. Diese Leute hier verstehen mich. Sie kommen nicht sofort mit schlechten, aber gut gemeinten Vorschlägen, was ich jetzt alles tun und ändern muss, damit ich bald wieder weitermachen kann wie zuvor. Sie hören mir zu. Was für ein großartiges Gefühl! Carl legt mir seine Hand auf die Schulter, „Du brauchst keine Angst vor diesem Prozess zu haben. Er ist nur am Anfang eine Herausforderung, weil du deine gewohnte Art zu denken und zu handeln hinterfragen darfst. Glaub mir, es wird nicht nur besser, es wird großartig. Und hierfür gibt es wohl kaum ein unterstützenderes Umfeld als bei solchen Seminaren." Er lächelt mich an und es fühlt sich gut an.

∞

Am Nachmittag werden wir per Zufallsprinzip in Gruppen eingeteilt. Ich vermute jedenfalls, dass zufällig gelost wurde, denn die Coaches kennen uns doch gar nicht genug, um uns gezielt zusammenzustecken. Oder etwa doch? Als uns der laute Gong in den Seminarraum zurückholt, stehen Namen auf der Leinwand. Es sind immer acht bis zehn Personen zusammen in einer Gruppe, plus dem Namen eines Coaches und einem Treffpunkt. Ich treffe mich mit Petra und acht weiteren Teilnehmenden auf der Terrasse der Kaffeebar. Mal sehen, ob ich der Versuchung widerstehen kann. Elena oder Ben sind leider nicht dabei, stelle ich fest. Auf der Terrasse ist es schattig und eine willkommene kühle Brise weht uns um die Beine. Petra ist eine sportliche Frau mit kurzen grauen Haaren, einem strahlenden Lächeln und der Ausstrahlung einer Fitnesstrainerin, bei der sogar ich motiviert mitmachen würde. Sie sitzt am Kopf des Tisches, hinter ihr steht eine transportable Flipchart, auf der „Hallo, ich bin Petra" steht. Sie lächelt uns fröhlich an und beginnt: „So ihr Lieben, ich bin Petra", sie weist mit ihrer Hand hinter sich auf die Flipchart. „Und ich bin heute Nachmittag für euch da. Eure persönliche Supernanny. Wir wollen heute miteinander die Blockaden, die ihr im Jetzt vorfindet, genauer betrachten, damit wir damit beginnen können, sie aufzulösen. Ich möchte euch gerne noch einmal daran erinnern, dass hier ein sicherer Ort ist. Ihr dürft alles teilen. Aber ihr müsst natürlich nicht. Wenn ihr merkt, dass ihr an einer Stelle nicht weiter wollt, ist das völlig in

HALLO
ich bin
Petra!

Ordnung. Hier braucht ihr niemanden zufriedenstellen, denn es geht nur um euch!"

„Beschäftigen wir uns zunächst mit dem Wort ‚Blockade‘", fährt Petra fort. „Was ist das? Etwas, was uns im Moment noch im Weg steht und den Blick versperrt auf das, was dahinter liegt. Die meisten Menschen gehen zu so einem Seminar wie diesem, weil etwas geschehen ist. Meistens etwas Herausforderndes. Eine Scheidung, eine Veränderung im Job, etwas Gesundheitliches. Irgendetwas, was uns aus der Bahn geworfen hat. Jetzt ist es Zeit, dass wir genau hinschauen, was das eigentliche Thema ist. Denn es ist so gut wie nie die Schuld des Jobs, des Partners, der Umstände. Das sind nur Symptome.

Erinnere dich noch einmal an die Animation vorhin. In unserem Jetzt ist eine Blockade, an der sich Treibholz der letzten Jahre staut. So viel Ungesundes, Altes von früher, was wir jetzt anschauen, dadurch verwandeln und wieder in den Fluss bringen. Also, möchte jemand in der Gruppe teilen, was sein aktuelles Thema ist?"

Ach Mensch, es war bis eben doch so gemütlich. Aber natürlich weiß ich, dass ich aktiv mitmachen will, um auch das Maximum für mich mitzunehmen. Also hebe ich meine Hand.

„Ja gerne", Petra wirft einen schnellen Blick auf mein Namensschild, „Anna! Was belastet dich momentan in deinem Leben?"

„Vor ungefähr einem halben Jahr bin ich das erste Mal weinend auf der Bürotoilette zusammengebrochen. Es endete dann nach ein paar Wochen, in denen sich das

Ganze häufig wiederholte, mit meinem Ausscheiden aus der Firma und einer kleinen Abfindung. Ich wohne jetzt bei meiner Oma in einer Einliegerwohnung. Ich habe keinen Job, keine Freunde, keinen Partner. Meine Oma und meine Großtante haben mir dann ihr Auto geliehen, damit ich mir den Traum eines Roadtrips durch Italien verwirklichen konnte. Ich wollte schon immer mal nach Rom.

Nun, nach vier Tagen, hatte ich einen Unfall. Zum Glück ist mir nichts passiert, aber meine größte Angst war, dass meine Oma wütend auf mich ist, weil ich ihr Auto kaputt gefahren habe. Dass sie erleichtert sein könnte, dass mir nichts passiert ist, kam mir nicht mal in den Sinn, bis mich jemand wenig charmant darauf hinwies. So habe ich Carl kennengelernt, er hat mich gefunden, zu seinem Freund Gianni gebracht und dort wird mein Auto repariert. Er hat mir dann von diesem Seminar erzählt und ich dachte mir, das ist sinnvoller als nach Rom zu fahren. Etwas in meinem Kopf hat einfach geklickt und ich wusste, hier ist jetzt der Ort, an dem ich sein soll. Aber ich weiß noch immer nicht, wohin, wenn dieses Seminar endet. Ich habe kein Ziel, keine Perspektive, kein Zuhause. Ich habe nichts. Ich bin vollkommen verloren."

Es sprudelte einfach aus mir heraus, ohne dass ich darüber nachdenken konnte. Aber es stimmt. Ich habe keine Perspektive für meine Zukunft und fühle mich verloren. Ich spüre Tränen in den Augen.

„Wow, danke Anna für deine Offenheit", findet Petra. „Weißt du, dein Körper hat es sehr gut gemacht, dadurch dass er dich in diese Erschöpfung geführt hat. Wir sind nicht dafür gemacht, dauerhaft in einer solchen Anspannung zu sein. Du hast so lange durchgehalten und dein Bestes gegeben und warst dabei wahrscheinlich die ganze Zeit sehr, sehr angespannt. Irgendwann muss dein Körper den Stecker ziehen und das macht er über Erschöpfung, die irgendwann so massiv werden kann, dass wir vollkommen handlungsunfähig sind. Das kennen wir heutzutage als Burn-out. Das ist sogar eine gute Reaktion auf etwas, was zuvor ganz und gar nicht gut war, aber seinen eigentlichen Ursprung schon früher hatte. Du hast ja vorhin schon gehört, dass die Muster und Strategien, die dich heute leiten, in deiner Kindheit entstanden sind. Damals haben sie dich überleben lassen. Dort hast du begonnen, deine Bedürfnisse zurückzunehmen, dich eher auf andere Menschen zu fokussieren, gut und brav zu sein, dich immer anzustrengen, zu funktionieren. Wir sind abhängig von den uns wichtigsten Bezugspersonen. Ohne sie können wir de facto nicht überleben. Deshalb tun wir alles, was nötig ist, um wenigstens ein bisschen Liebe und Anerkennung zu bekommen. Diese Strategien aus der Kindheit führen wir unbewusst dann fort, bis zu dem Moment, an dem uns die Kräfte verlassen. Das ist dann letztendlich das Signal, dass wir heute anders handeln und reagieren können. Wir benötigen nicht mehr unbedingt diese alten Kompensationsstrategien. Wir dürfen neue Dinge in unser Leben bringen, die für uns besser sind. Zu verstehen, warum wir so gehandelt haben, was uns heute an diesen Punkt gebracht hat, an dem wir stehen, hilft uns, für uns selbst Verständnis aufbringen zu können. Das ist der Beginn der Selbstliebe. Es gibt immer einen guten Grund dafür, wie du gehandelt hast. Du hast alles richtig gemacht."

Ich möchte Petra knutschen. Außer meiner Oma und meiner Großtante hat mir wahrscheinlich noch nie jemand das Gefühl gegeben, dass ich mich richtig verhalte. Ich spüre, wie es ganz warm in meiner Brust wird. „Nicht günstig oder gar richtig war allerdings, wie man dich als Kind und Heranwachsender behandelt hat. Das soll keine Elternschelte sein. Die allermeisten Eltern wollen nur das Beste für ihr Kind. Sie wussten es nicht besser, haben selbst unter Umständen viel erlebt und konnten nicht anders auf dich eingehen als sie es getan haben. Nur weil die meisten negativen Glaubenssätze in unserer Kindheit entstanden sind, heißt das nicht, dass eure Eltern gemein waren. Es ist, wie gesagt, ganz natürlich, dass wir es unseren Bezugspersonen Recht machen wollen, um unser Überleben zu sichern. Artige Kinder werden mehr gelobt! Dadurch lernen wir oftmals erst einmal unseren Wert an all diesen äußerlichen Bestätigungen, einem Partner, einem Job, einer Wohnung festzumachen. Das ist völlig normal und verständlich. Wir dürfen erst einmal realisieren und lernen, dass dies allein sicher nicht deinen Wert als Mensch ausmacht. Wir haben das so gelernt, übernommen oder verknüpft und dürfen nun schauen, welche Werte im Inneren uns Halt geben könnten. Hast du gestern darüber nachdenken können, was bleibt, wenn diese äußeren Faktoren für einen Moment wegfallen?"

„Tatsächlich habe ich lange überlegt, was mich so ausmacht, und traurigerweise bin ich einige Zeit auf nichts
gekommen. Aber ich möchte etwas finden. Deswegen
bin ich hier. Dafür kann ich mich lieben. Ich gebe nicht
auf, ich mache weiter und versinke nicht in Selbstmitleid.
Jedenfalls nicht für immer."

„Das ist gut! Und es ist auch gut, dass du dir erlaubst zu
fühlen, wie sich das gerade halt anfühlt. Jeder von uns
kann hier mit dir mitfühlen und hat sich vielleicht auch
schon genauso gefühlt, wie du in diesem Moment. Es ist
wichtig, sich wohlwollend und liebevoll zu betrachten
und ehrlich zu sich selbst zu sein. Ich wette, es gibt ganz
viel, wofür du dich selber lieben kannst. Deswegen möchte ich mit euch jetzt gerne eine Übung machen, denn in
Annas Statement können sich sicherlich einige von euch
wiederfinden, oder?" Petra schaut fragend in die Runde
und alle anderen nicken. Das gibt mir tatsächlich ein gutes Gefühl: „Ich bin hier mit meinem Glaubenssatz nicht
allein." Sie steht auf und schlägt das Blatt auf der Flipchart
um. Darauf steht: „5 Schritte in die Selbstliebe". Darunter ist eine Treppe mit fünf Stufen gemalt und auf jeder
leuchtet ein Begriff. 'Glaubenssätze und Blockaden lösen',
'Opferrolle verlassen und Verantwortung übernehmen',
'Inneres Kind heilen', 'Familienbeziehungen befrieden'
und 'Ressourcen nutzen'.

„Wie wir gestern ja schon gehört haben, der wichtigste
Schritt ist zu lernen, sich selbst zu lieben. Anna hat ge-
schildert, wie der Wegfall externer Bestätigung ihr zuge-
setzt hat und wie schwer es ist, diese äußeren Identifika-

tionsquellen zu ersetzen. Das ist übrigens völlig normal, denn wir sind soziale Wesen, wir brauchen Bestätigung und Liebe vom Außen, sonst können wir zumindest als Kinder nicht überleben. Wir alle haben das und wenn dieses Bedürfnis in Balance ist, wir also auch immer mehr in der Lage sind uns selbst all das zu geben, was wir uns vom Außen wünschen, dann ist das genau das, was wir hier anstreben. Deswegen stelle ich euch jetzt einmal die fünf Schritte in die Selbstliebe vor. Das sind stabile Stufen, die euch dabei unterstützen können, eure Liebe zu euch selbst Stück für Stück aufzubauen."

Sie deutet auf die unterste Stufe: „Das hier ist die Basis, daran arbeiten wir. Wir schauen uns zunächst unsere Gedanken und Glaubenssätze an – was lösen sie in uns aus, was bedeuten sie für uns. Dann gehen wir raus aus der Annahme, dass uns immer schlechte Sachen passieren. Schicksalsschläge geschehen, darauf haben wir keinen Einfluss. Leider! Aber wir entscheiden, wie wir mit ihnen umgehen.

Das führt uns direkt zu dem zweiten Schritt: ‚Opferrolle verlassen und Verantwortung übernehmen'. Wenn du dich als Opfer fühlst, dann bist du auch eins. Ein Opfer ist machtlos und ohnmächtig. Es kann nichts tun. Es ist nicht selbstwirksam. Selbst wenn dir Unrecht geschehen ist, kannst du aus dieser Rolle aussteigen. Du erkennst, dass es heute deine Entscheidung ist, anders mit dir und dem Leben umzugehen und nicht den Kopf in den Sand zu stecken. Alles beginnt mit einer Entscheidung. Der Entscheidung, dich selbst in den Mittelpunkt deines Lebens zu stellen. Dich selbst so anzunehmen, wie du bist. Jeden Tag ein Stückchen mehr."

Sie dreht sich wieder zu uns um. „Diese beiden Stufen sind ganz eng miteinander verbunden, denn deine Gedanken lösen deine Emotionen aus und emotionale Zustände triggern die alten Gedanken." Petra schaut mir fest in die Augen bei ihren nächsten Sätzen und ich kann die Energie dieser Frau unmittelbar spüren, ein Kribbeln geht durch meinen ganzen Körper. „Wenn du nicht weißt, wohin gerade mit dir, darfst du das vielleicht ja auch mal als Chance sehen. Du kannst deine Zukunft nämlich jetzt frei gestalten! Vielleicht magst du dir das wie ein weißes unbeschriebenes Blatt vorstellen, auf das du nun das schreibst, was dir gefällt und kreierst dich damit ganz neu und frei. Du könntest dich fragen, was in dir hält dich im Moment noch zurück deinen eigenen, neuen Weg zu finden? Es liegt ganz in deiner Hand, deine Zukunft zu formen, niemand kann das für dich übernehmen. Du brauchst nicht warten, bis dir jemand sagt, wohin dein Leben dich führen soll. Du darfst das selbst für dich bestimmen." Sie lächelt und wieder breitet sich Wärme in mir aus. Sie hat vollkommen Recht, wenn ich niemanden habe, der mir sagt, wohin ich muss, habe ich die Macht, zu entscheiden, wohin ich will! Zum ersten Mal macht mir mein Mangel an Vorgaben keine Angst mehr, sondern fühlt sich an wie ein Geschenk. Krass, was ein kleiner Perspektivenwechsel alles auslösen kann. Petra lächelt mich an und blickt dann wieder in die Runde. „Das ist der perfekte Moment für eine kleine Übung! Lasst uns unsere Glaubenssätze finden. Zückt euren Stift und schreibt mal all die Gedanken auf, die ihr über euch so denkt. Positive und negative, ganz egal. Nutzt gerne den Satzanfang ‚Ich bin ...‘ und ‚Ich sollte ...‘. Im Anschluss wollen wir dann gemeinsam eure Ergebnisse besprechen.“

Ich zücke meinen Stift. Inzwischen habe ich weniger Angst vor dem, was da gleich aus meinem Kopf aufs Papier fließen wird. Ich bin ... liebevoll, nicht durchsetzungsfähig, warmherzig, mitfühlend, stärker
als ich glaube.

Ich sollte ... weiter sein, es
hinbekommen;
anders sein.

Ich schaue auf meine Liste
und bin stolz auf mich. Es fühlt
sich an, als wäre ich auf einem guten   Weg.
„Sehr gut ihr Lieben“ beendet Petra
achtsam unsere Schreibzeit. „Wir beschäftigen
uns gleich in Ruhe mit euren Glaubenssätzen. Zunächst würde ich mir aber gerne mit euch anschauen, woher sie überhaupt kommen. Dort können wir ansetzen und uns mit unserem inneren Kind und dem Erlebten versöhnen. Auf diese Weise übernehmen wir Verantwortung und heilen uns immer mehr mit Liebe und Verständnis für uns. Also, schauen wir uns die Sache mal an. Was sind wohl die ersten tiefen Glaubenssätze, die man oft als Kind mitbekommt?“ „Ich bin nicht gut genug“, ruft ein junger Mann, der mir bisher noch nicht aufgefallen ist. „Gute Antwort. Das ist tatsächlich ein Klassiker. Warum glaubst du, dass es genau dieser Gedanke ist?“ Er überlegt

kurz, bevor er antwortet. „Weil ein Kind am Anfang noch nicht viel selber kann und erst lernen muss. Es bekommt mehr Liebe, wenn es etwas richtig macht. Ich hatte auch oft das Gefühl, nicht ernst genommen zu werden. Nicht nur als Kind, auch später. Da hieß es dann: 'Werd du erstmal was!' und ‚Was glaubst du eigentlich, wer du bist?‘, das macht ja auch was mit einem."

„Ganz genau", sagt Petra. „Und was könnte dann der zweite Glaubenssatz sein, den ein Kind schnell verinnerlicht?"

Ich überlege und dann wird es mir plötzlich klar: „Liebe gibt es nicht umsonst!", platzt es aus mir heraus. „Prima!", ruft Petra begeistert. „Viele andere Gedanken über uns basieren auf diesen beiden. Und dieses Kind, dass vielleicht schon sehr früh angefangen hat, negativ über sich und das Leben zu denken, braucht unsere Unterstützung. Es ist in uns immer dann aktiv, wenn die alten Wunden berührt werden."

Wie schön die Vorstellung ist, sein eigenes inneres Kind in den Arm zu nehmen und zu trösten. Ich denke an mich selbst zurück, mit acht Jahren. Ich bin im Garten meiner Oma, neben mir Opa Günther, der mit mir um die Wette Himbeeren pflückt, während meine Mutter sich laut mit meinem Vater streitet. Jede meiner schönen Kindheitserinnerungen hat einen dunklen Schatten. Meine Eltern stritten sich davor oder danach oder währenddessen, meine Mutter mit roten Flecken vom Weinen im Gesicht oder mein Vater, der irgendeinen Grund suchte, um mich zu bestrafen. Vielleicht weil er es nicht ertragen konnte, wenn ich glücklich war. Ich möchte die kleine Anna, die sich in ihrem Zimmer verkriecht, während ihre Eltern sich unten in der Küche anschreien, in den Arm nehmen und trösten. Ich möchte ihr sagen, dass sie nicht schuld daran ist und dass sie keine Verantwortung für die ewigen Streitereien der beiden trägt. Ich wische mir eine Träne von der Wange. Schon wieder.

„Lasst uns nun gerne in Gruppen gemeinsam durchgehen, was ihr zu euren Glaubenssätzen aufgeschrieben habt. Die Aufgabe eurer Partner ist, euch vier Fragen zu stellen. Erstens, ist diese Annahme wahr? Kannst du dir sicher sein, dass sie wahr sind? Wer bist du, wenn du diese Gedanken glaubst? Und zu guter Letzt: Wer wärst du ohne diese Gedanken? Diese Methode stammt von Byron Katie und wir arbeiten gerne mit ihr, weil sie euch dazu ermutigt, diese tief eingebrannten Überzeugungen zu hinterfragen. Hat jeder einen Partner zum Üben? Super, dann lasst uns loslegen."

Ich drehe mich zu der hochgewachsenen Frau neben mir um. Sie lächelt nicht, sondern schaut etwas seltsam an mir vorbei. Ich kann ihren Blick nicht deuten und sofort legt mein Kopf wieder los. Mag sie mich nicht? Ist sie enttäuscht, dass sie mit mir arbeiten soll?

„Hey, ich bin Anna", stelle ich mich vor. „Kathrin", antwortet sie knapp. Wow, sie scheint echt nicht begeistert von mir zu sein. Ob ich gerade zu viel Aufmerksamkeit auf mich gezogen habe? Vielleicht fand sie das doof.

„Möchtest du anfangen und mir deine Glaubenssätze sagen?", biete ich ihr an. Sie zögert, schaut auf ihr Blatt und sagt erstmal nichts. Ich sitze ihr gegenüber und versuche, geduldig zu warten.

„Nein, ich glaube, du solltest anfangen" sagt sie schließlich und klingt dabei noch immer angespannt. Ich bin mir unsicher, was zwischen uns los ist. Bevor ich anfangen kann, stoppt sie mich mit einer kurzen Geste und sagt „Sorry, ich möchte nicht." Dann steht sie auf und geht. Ich bin ganz verdutzt und schaue ihr hinterher. Petra folgt ihr und kommt nach wenigen Minuten wieder, ich starre weiterhin auf mein Blatt. „Anna, komm zu mir, dann sprechen wir beide miteinander.", sagt sie in ihrer Motivationsstimme. Ich fühle mich, wie das Kind in der Klasse, mit dem niemand Gruppenarbeiten machen möchte. Na gut, ich stehe auf, gehe um die Stühle der anderen herum und setze mich neben Petra. Auf dem Weg dorthin habe ich das Gefühl, als würden mich alle ansehen.

„Also Anna, was steht auf deinem Zettel?"

Ich starre auf mein Blatt. „Ich bin nicht durchsetzungsfähig.", lese ich leise vor. „Ich bin verantwortlich für das Wohlergehen anderer. Ich bin nicht glücklich, wenn ich nicht andere glücklich mache. Ich bin ..." Dann schweige ich.

„Was hat es in dir ausgelöst, dass deine Partnerin gegangen ist?", Petra trifft den Nagel auf den Kopf. Nachdem ich mich so intensiv mit meinem Bedürfnis auseinandergesetzt habe, alle glücklich zu machen, versagte ich bei meiner Übungspartnerin.

„Ich habe mich gefragt, ob es meine Schuld ist. Ob sie gegangen ist, weil sie nicht mit mir arbeiten wollte." Petra nickt verständnisvoll und schaut mich an. Ihr Blick ist liebevoll und dennoch analytisch. „Und was, wenn es so wäre?"

„Dann hätte ich versagt.", sage ich nach kurzem Zögern. „Weil du verantwortlich bist, für das Wohlergehen aller Menschen um dich herum?"

Ich weiß, dass es bescheuert klingt, wenn man es laut sagt, aber ich möchte ehrlich sein. Anders kann ich nicht wachsen, außer mit bedingungsloser Ehrlichkeit mir gegenüber und allen um mich herum. „Ja, so fühlt es sich für mich an und ich kann diesen Gedanken bisher nicht abstellen."

„Ist dieser Gedanke wahr?", fragt Petra und schweigt geduldig, bis ich bereit bin, ihr zu antworten. „Bisher habe ich das geglaubt", antworte ich. „Ja oder Nein?", fragt Petra noch einmal. Ich überlege hin und her und muss leider mit ja antworten. „Kannst du hundertprozentig sicher sein, dass der Gedanke, ‚Ich bin verantwortlich für das Wohlergehen aller Menschen um mich herum' wahr ist?", lautet die nächste Frage. Hmm, hundertprozentig … aller Menschen um mich herum … das ist natürlich schon eine steile These. Ich habe sie nur noch nie hinterfragt. „Ja oder Nein?", bleibt Petra am Ball und unterbricht meine Gedanken.

„Na ja, wenn du so fragst, Nein." „Wie fühlst du dich, wenn du diesen Gedanken glaubst?", lautet ihre nächste Frage. Ich schließe die Augen und denke den Gedanken noch einmal. Ich bin verantwortlich für das Wohlergehen aller Menschen um mich herum. Sofort zieht sich mein Brustkorb zu und ich spüre, wie mich dieser Gedanke seit Jahren beherrscht hat. Wie er mich unter Druck gesetzt hat und er mich von mir selbst entfernt hat. Mir steigen die Tränen in die Augen und ich spüre unter dem Druck die Angst, nicht geliebt zu werden. „Was macht der Gedanke mit dir?", fragt Petra. Ihre Stimme ist nicht harsch oder fordernd, sondern sanft und liebevoll. „Er führt dazu, dass ich nie richtig bei mir bin. Ich denke ständig an alle anderen, aber nie an mich. Ich bin ganz ..." Mir fehlen die Worte, ich gestikuliere wild vor meinem Brustkorb herum, etwas in mir will ganz dringend gesagt werden, aber die Worte sind noch nicht da. „Ich bin so außer mir. Als wäre ich nicht bei mir." Ich klopfe mir auf die Brust, auf die Stelle an der ich mich spüren möchte, aber es so oft nicht tue. Ich fühle mich, als würde ich plötzlich eine andere Sprache sprechen, die ich noch nicht ganz beherrsche. „Ich bin nicht ich. Ich bin nicht echt. Weil ich es ja nicht sein kann. Weil die Gefühle anderer wichtiger sind." Ich bin ganz aus der Puste.

Petra hat während meiner Wortfindungsstörung keine Miene verzogen, legt nun den Kopf schief und fragt mich ganz ruhig: „Überlege mal, wer du wärst, ohne den Gedanken: Ich bin verantwortlich für das Wohlergehen aller Menschen um mich herum?"

Ich überlege kurz, die Vorstellung ist einerseits schön, macht mich aber auch etwas wehmütig. „Ich glaube, ich wäre frei! Ich würde mir selbst mehr vertrauen und mein Ding machen. Vielleicht hätte mein Job mich nicht so fertig gemacht. Bestimmt wäre die Beziehung zu meiner Mutter besser."

„Warum die Beziehung zu deiner Mutter?", bohrt Petra nach. Ihr Verstand ist ein Präzisionswerkzeug.

„Unsere Beziehung ist schwierig. Mein Vater war ein unheimlich aggressiver und wütender Mensch. Meine Mutter und ich hatten es nicht leicht mit ihm. Seit sie getrennt ist, weigert sie sich aber anzuerkennen, dass diese Zeit schwer war. Für sie, für mich. Sie tut so, als wäre diese Zeit gar nicht so schlimm gewesen. Sie sagte mal, ich solle mich nicht so anstellen." Ich spüre schon wieder, wie sich meine Augen mit Tränen füllen.

Petra nickt und sagt erstmal gar nichts. Ich stelle mir vor, was gewesen wäre, wenn ich nicht mein ganzes Leben lang versucht hätte, meine Mutter glücklich zu machen, weil ich dabei zusehen musste, dass mein Vater sie unglücklich machte. „Sehr gut. Jetzt haben wir den Glaubenssatz identifiziert, seinen Ursprung erkannt und jetzt kannst du beginnen, ihn umzukehren. Kehre den Gedanken einmal um. Was wird dann aus ‚Ich bin verantwortlich für das Wohlergehen aller Menschen um mich herum'?"

„Ich bin nicht verantwortlich für das Wohlergehen aller Menschen um mich herum?"

„Sehr gut. Gib mir einmal drei Beispiele, warum dieser Gedanke auch wahr sein könnte."

Hmm, in meinem Kopf wird es leer. Es ist, als hätte jemand mein Gehirn auf links gekrempelt. Langsam steigt in mir die Erkenntnis auf: „Weil ich das weder kann und es auch nicht meine Aufgabe ist?"

„Absolut richtig! Das waren schon zwei Beispiele auf einmal. Sag mir ein weiteres, warum die Umkehrung auch wahr, vielleicht sogar wahrer ist, als dein Ursprungsgedanke."

Ich grübele kurz, bis mir ein dritter Punkt klar wird. „Es ist ja schon fast übergriffig, wenn ich glaube, ich müsste für das Wohlergehen der Anderen sorgen. Als könnten sie das nicht selber. Genau genommen spreche ich ihnen ja nicht nur die Verantwortung für ihr eigenes Wohlergehen ab, sondern auch die Fähigkeit, für sich selbst zu sorgen. Wow ... mir war nie klar, wie herablassend das schon fast ist." Ich muss diese Erkenntnis erstmal verarbeiten.

„Sehr, sehr gut! Lass uns den Gedanken 'Ich bin verantwortlich für das Wohlergehen aller Menschen um mich herum' noch auf eine andere Art umkehren. Fällt dir noch eine ein?"

„Ich bin verantwortlich für mein Wohlergehen?"

„Sehr gut. Wie fühlt es sich an, das laut zu sagen?"

Ich denke einen Moment darüber nach. „Fremd", sage ich, „sehr fremd, aber auch erleichternd, denn es nimmt diesen unglaublichen Druck, immer alles richtig machen zu müssen, damit die anderen möglichst happy sind, was ja sowieso leider nicht so wirklich klappt. Aber da ist auch Angst in mir, denn wie werden die, die es gewohnt sind, dass ich immer alles tue, was sie wollen, dann reagieren? Sie werden mich bestimmt für sehr egoistisch halten und sich von mir abwenden."

„Das ist dein Kopf, der erst einmal nicht aus seinen gewohnten Denkmustern heraus kann und einfach noch nichts Wahreres kennt. Er kennt nur das und daran hält er erst einmal fest, um dich zu unterstützen. Er meint es gut, das hat er abgespeichert und er möchte dich immer sicher wissen. Dabei kann er natürlich auch nur auf das zurückgreifen, was er für dich abgespeichert hat. Er glaubt aus dem bereits Erlebten, dass du so bleiben solltest, weil das noch immer das Sicherste für dich ist. Vergessen wir das jetzt. Gib mir gerne jetzt auch hier mal mindestens drei Beispiele, in denen dieser Gedanke dennoch auch wahr ist. – Ich bin verantwortlich für mein Wohlergehen!" Ich kann kaum glauben, wie mich so eine Binsenweisheit innerlich bewegt. „Na, wer soll es denn sonst tun? Wenn ich immer bei den Anderen bin, dann falle ich hinten herunter. Außerdem geht es auch den Anderen besser, wenn ich glücklich und zufrieden bin. Erst dann kann ich Andere inspirieren und ihnen eine Stütze sein!" In mir ist alles in Bewegung. Wie konnte ich diese einfache Wahrheit vorher nicht sehen? Tatsächlich fühle ich tief in mir, dass diese neuen Überlegungen so viel wahrer sind als die bisherigen. Sie fühlen sich tief in meinem Bauch so wahr und friedlich an, gleichzeitig aber kraftvoll. Es fühlt sich frei an, innerlich frei. Ich bin selbst ganz erstaunt darüber, das so einfach und klar in mir zu spüren – unglaublich, einfach unglaublich. Petra führt mich weiter durch diese wunderbare Methode und wir schließen die Session ab, mit einem 'Medizinsatz', wie sie es nennt. Mit einer Entscheidung, die die Erkenntnis in die Tat umsetzt. Nach einigem Überlegen formuliere ich den Satz: „Ich entscheide mich für mich! Und ich entscheide mich, mich selbst jeden Tag ein bisschen mehr zu lieben und mich um mein Wohlergehen zu kümmern!" Diesen Satz sage ich laut, während ich ihn in meinen Block eintrage. Ich bin begeistert und ausgelaugt zugleich. Petra scheint wie ein Emotionsseismograph. „Brauchst du eine Pause?"

Ich nicke stumm. Natürlich weiß ich, dass ich gerade eine ganz wichtige Erkenntnis erlangt habe, aber ich fühle mich wie eine kaputte Luftmatratze, aus der alle Luft entwichen ist. Petra steht auf und fragt in die Runde, ob denn alle eine kleine Pause bräuchten, was laut bejaht wird. Hinter den anderen, die auf mich plötzlich gar nicht mehr freundlich und offen, sondern verschlossen wirken, trabe ich an die Kaffeebar, hole mir einen Latte Macchiato und setze mich alleine auf die Wiese in die Sonne.

So viel zu meinen guten Vorsätzen. Die Flasche, die verlassen unter meinem Stuhl steht, ist noch halb voll. Mein Magen beginnt zu gurgeln. Ich atme tief durch und versuche, mich daran zu erinnern, dass mir hier niemand mit Ablehnung begegnet, dass es hier nur um meine Wahrnehmung geht. Ich habe das Gefühl, nur wenige Minuten hier gesessen zu haben, aber schon höre ich Petras Stimme: „Lasst uns weiter machen, Ihr Lieben. Kommt ihr langsam wieder zurück, bitte?"
Am liebsten würde ich hier auf der Wiese bleiben, aber ich raffe mich doch auf und kehre zu unserem Platz zurück. Petra begrüßt mich wieder mit einem strahlenden Lächeln.

„Wir haben jetzt unsere alten Glaubenssätze gefunden und umgekehrt. Was konntet ihr für euch erkennen? Gibt euch das schon ein wenig Aufschluss über eure Blockaden? Könnt ihr das mehr und mehr zusammenbringen?" In meinem Kopf greifen gerade ganz plötzlich einige Zahnräder ineinander. Ich fühle mich nur wohl, wenn ich mich um andere kümmere, weil ich glaube, mir Zuneigung verdienen zu müssen. Weil ich gelernt habe, dass ich mir Zuneigung verdienen muss. Deswegen wirft es mich so aus der Bahn, wenn ich es nicht schaffe, anderen ein gutes Gefühl zu geben oder ihnen bei allem zu helfen, was sie brauchen. Wenn ich nicht helfe, bin ich nicht liebenswert. Was für ein bescheuerter Mist, wenn man das endlich mal laut ausspricht – oder denkt! Natürlich gibt mir das auch Sicherheit. Wenn ich wichtig bin für die anderen, habe ich einen sicheren Platz. Dann bin ich wichtig für sie, sie sind mir dankbar, sie achten und wertschätzen mich. So kann ich nicht einfach aus dem Gefüge fallen – alles in allem also auch eine mehr oder weniger egoistische Handlung zu helfen – ich tue das für mich. Hui, was für eine Erkenntnis. Das muss sich erstmal setzen. Ich schau mich verstohlen um und hoffe, dass meine Gedanken nicht laut für alle lesbar waren. Eine andere Teilnehmerin hat sich glücklicherweise im gleichen Moment gemeldet und spricht. So kann ich das gerade Erkannte erst mal in aller Ruhe sacken lassen. Leider habe ich den Anfang verpasst. „ ... Ich habe ein großes Problem mit meiner Wut, aber ich dachte, das Gefühl gehört nicht zu mir. Mein Vater war immer wütend, hat geschrien und getobt. Ich erinnere mich daran, dass ich nie so werden wollte, aber jetzt bin ich es doch. Ich hasse diese Wut an mir. Ich möchte nicht, dass meine Kinder Angst vor mir haben, so wie ich Angst vor ihm hatte. Na ja, jedenfalls habe ich immer gedacht, diese Wut wurde mir nur anerzogen. Sie fühlte sich stets an wie ein Fremdkörper, wie eines dieser Alienbabys aus dem Film, das unbemerkt in einem wächst und irgendwann ungebremst herausbricht." Was für ein Bild! Treffend und schrecklich abstoßend zugleich. Da finde ich mich sofort wieder! Ich kenne diese Gefühle zu gut, auch wenn ich mir keine Gedanken wegen Kindern machen muss.

„Jedenfalls habe ich eben im Gespräch mit dem lieben Felix hier", sie zeigt auf ihren Gesprächspartner, „festgestellt, dass diese Wut gar nicht fremdgesteuert ist, sondern zu mir gehört. Das hat mich einerseits sehr erleichtert, gleichzeitig macht es mir Angst. Weil mir diese Wut so eine Angst macht."

„Wie geht es dir körperlich?", fragt Petra. Die Teilnehmerin schaut erstaunt.

„Oh, äh, ja bei mir wurde vor zwei Jahren eine Autoimmunerkrankung diagnostiziert, das hat mich auch ziemlich aus der Bahn geworfen. Ich habe eine tolle Neurologin und bin mit Medikamenten super eingestellt, aber ja, das ist auch eine zusätzliche Belastung."

„Du stößt einen Teil von dir ab und plötzlich wehrt sich ein Teil deines Körpers gegen dich. Das ist kein Zufall! Wenn man nicht davon ausgeht, dass der Körper eine Maschine ist, in der Teile einfach so nicht mehr funktionieren, sondern ein komplexes Ganzes ist, in dem alles miteinander verbunden ist, dann kann man Zusammenhänge zwischen Erkrankungen und verschiedenen mentalen Verfassungen erkennen. Langfristig unterdrückte Wut führt häufig zu Entzündungserkrankungen. Hier ist es wichtig, den Blick auf die eigene Wut genau zu betrachten. Das passiert dir nicht einfach. Du bist da nicht fremdgesteuert. Wir sind alle keine hilflosen Opfer, sondern haben unsere Zukunft in der Hand. Natürlich starten wir alle von sehr unterschiedlichen Positionen, aber wir wollen euch hier unterstützen, eure eigene Macht und Schöpfungskraft zu erkennen. Deine Wut ist, wie du ja selber schon sehr gut erkannt hast, dein Gefühl. Sie gehört zu dir. Das bedeutet, du kannst sie nutzen so wie du es willst und so wie du es für richtig hältst."

„Ich hatte bisher nie das Gefühl, dass diese Wut etwas Positives oder Produktives sein kann. Es ist dieser weiße Ball aus Zorn hinter meiner Stirn und in meinem Bauch, der da immer größer wird. Wenn er sich Bahn bricht, habe ich das Gefühl, die Kontrolle zu verlieren. Ich möchte die Menschen, die ich liebe, nicht verletzen. Aber das passiert mir und danach fühle ich mich schlecht."

Petra nickt. „Du kennst diesen Tipp, denn man oft bekommt, leise bis 10 zu zählen, bevor man wütend reagiert, oder?"

„Ja klar. Das habe ich auch schon mal probiert. War nicht so erfolgreich."

„Natürlich nicht. Das Zählen alleine ist auch nicht die Lösung. Versuche mal beim Zählen in deine Wut reinzuspüren, ohne dich dabei zu verurteilen. Ganz liebevoll und offen. Damit du mal erkunden kannst, wie diese Wut sich anfühlt, welche Qualität sie hat und welche Kraft darin steckt. Wenn du möchtest, können wir da auch gerne mal zusammen eine Meditationsübung zu machen. Deine Wut ist nicht automatisch etwas Negatives. Du kannst sie als Quelle der Kraft und des Antriebes für dich nutzen."

Wow, so habe ich das noch nie betrachtet. Bisher habe ich immer versucht, nicht wütend zu sein oder meine Wut nicht zu zeigen. Ich bin eher so der Mensch, der wütend anfängt zu weinen und sich dann dafür schämt. Mir geht es mit meiner Wut genau wie dieser Frau, deren Namen ich leider nicht mitbekommen habe. Mein dauerwütender Vater ist der Grund, warum ich nicht wütend sein möchte. Ich möchte nicht, dass andere Menschen mir aus dem Weg gehen, weil sie im schlimmsten Fall Angst vor mir haben. Oder, dass mein Partner auf Zehenspitzen um mich herumläuft. Ich möchte nie die Kontrolle über mich verlieren. Das führt aber dazu, dass ich meine Wut unterdrücke, vollkommen von mir schiebe und zu meiner stillen Maus ohne Rückgrat werde.

„Ich vermute mal, die meisten von euch kennen das, wenn man ein Gefühl spürt, das man eben nicht spüren möchte. Angst, Wut, Eifersucht, Trauer, Ohnmacht und so weiter. Das sind Gefühle, die auch zu uns gehören. Sie sind ganz normal und gehören zu diesem bunten Blumenstrauß an Gefühlen, der uns ausmacht. Auch diese Gefühle wünschen sich, da sein zu dürfen. Sie wünschen sich Aufmerksamkeit und wir können sie in uns befrieden, nach hause lieben, wie wir so schön sagen und sie damit in etwas Konstruktives verwandeln. Wir dürfen uns erlauben, diese Emotionen zu haben, in uns hineinzuspüren und ihrer Quelle auf den Grund zu gehen. Es gibt einen sicherlich guten Grund für jedes dieser Gefühle und diesen zu erkennen ist heilsam. Einen neuen Umgang mit diesen Gefühlen zu erlernen ist unsere Hauptmotivation, denn dann sind wir frei und unabhängig und müssen nicht mehr immer um diese Gefühle herumtingeln und ständig aufpassen, sie bloß nicht in uns auszulösen. Ich sage es nochmal, weil ich es so wichtig finde: Wir sind keine hilflosen Opfer unserer Gefühle oder unserer Umgebung. Wir lernen gemeinsam unsere Gedanken zu überprüfen, üben in uns hineinzuspüren und dürfen all das, was wir finden, loslassend fühlen. Erinnert euch an die liegende Acht. Die Probleme, die im Jetzt bestehen, haben ihren Ursprung häufig in der Kindheit. Wenn wir unser inneres Kind heilen, heilen wir uns im Jetzt. Ihr dürft euch ermächtigen und Verantwortung für euch übernehmen."

∞

Als ich unsere Kleingruppe verlasse und mich mit den anderen auf den Weg zum gemeinsamen Abendessen mache, spüre ich eine bleierne Erschöpfung. So viele Dinge, die ich in den letzten zwei Tagen hier erkennen durfte, kreisen in meinem Kopf. Es ist natürlich schön und gewohnt, sein Verhalten immer wieder mit Verletzungen aus der eigenen Kindheit zu erklären. Verantwortung zu übernehmen ist herausfordernd. In Gedanken versunken stoße ich auf Elena, die scheinbar aus dem Nichts kommend, plötzlich vor mir steht.

„Hey Anna, Mensch, was ist denn los?", sie schaut mich prüfend an. „Ohne dir zu nahe treten zu wollen, aber du siehst ziemlich fertig aus. Als wäre etwas Großes und Schweres über dich drüber gerollt. Aber nicht auf die gute Art."

Ich bin sogar zu müde zum lachen und zucke mit den Schultern, „Die Session eben war anstrengend. Ich glaube, ich gehe jetzt direkt in mein Zimmer und schlafe."

„Ach schade! Ich wollte heute Abend mit ein paar Leuten auf der Terrasse den Sonnenuntergang ansehen und quatschen. Ich hatte gehofft, du wärst dabei!"

„Das ist lieb, aber ich glaube, das ist heute nichts für mich."

Elena wünscht mir eine gute Nacht und lächelt mich an. Ich kann nichts dagegen tun, dass in meinem Kopf sofort der Gedanke aufploppt, ich hätte sie enttäuscht. Zwar habe ich gelernt, diesem Gedanken nicht sofort ungeprüft zu folgen, dennoch nagt er an mir. Ich unterdrücke gerade den Impuls, ihr zu sagen, dass ich doch den Abend mit ihr verbringen möchte, als ich Petras Stimme höre, die über den Hof ruft: „Meine Lieben, wir bieten heute Abend eine gemeinsame Meditation zur Selbstliebe an. Wer möchte, kann gleich in den kleinen Raum am Ende des Ganges links kommen."

Obwohl ich todmüde bin, ist mir in diesem Moment sofort klar, dass ich zu dieser Meditation gehen möchte. Ich möchte alles mitnehmen, alles erleben, alles aufsaugen. Bisher hat das mit der Meditation noch nicht so gut geklappt, aber hier scheint mir alles möglich. Elena schaut mich an. „Oh, da hat gerade jemand seine Energie wiedergefunden, oder?"

„Ja, ich glaube, das ist jetzt genau das Richtige für mich!"
Kurz habe ich ein schlechtes Gewissen, da legt Elena mir
ihre Hand auf den Rücken. „Wenn das für dich gerade
passt, dann ist es gut. Wenn du magst, kannst du danach
ja noch auf die Terrasse kommen und wenn nicht, ist
das auch vollkommen ok." Ich lächle sie dankbar an und
mache mich auf zum Meditationsraum. Ich habe in den
Wochen nach meinem Zusammenbruch mehrmals versucht zu meditieren. Aber es wollte nie so richtig funktionieren. Jedes Mal, wenn ich versuchte, meinen Geist
still zu halten und Gedanken ziehen zu lassen, sie nicht
festzuhalten, war es, als hätte eine innere Stimme genau
in diesem Moment erhöhten Gesprächsbedarf. Manchmal stellte ich auch fest, dass ich anfing, mich unheimlich
zu langweilen. Das war mir immer etwas peinlich, denn
das sollte beim Meditieren nun wirklich nicht passieren.
Aber jetzt fühlt es sich anders an. Richtig. Als wäre dieser Meditationsraum jetzt der einzige Ort, an dem ich
mich logischerweise aufhalten könnte. Ich strahle Elena
mit neuer Energie an. Sie drückt meinen Arm und lächelt.
„Na dann auf mit dir!"

∞

Der Meditationsraum ist klein, sanft beleuchtet und gemütlich ausgestattet. Petra und eine weitere Frau aus dem
Coaching-Team sitzen bereits am Kopf des Raumes. Di-
cke Teppiche und Kissen liegen auf dem Boden. Einige
andere Leute haben es sich hier schon bequem gemacht
und ich suche mir einen Platz hinten an der Wand. Ich

habe beim Meditieren festgestellt, dass ich die klassische Sitzhaltung nicht lange aushalte. Still sitzen fiel mir sowieso schon immer schwer. Glücklicherweise erwartet hier niemand von mir, dass ich irgendwelche Posen vermeintlich richtig ausführe. Ich darf einfach dabei sein, mich auf meine Gedanken konzentrieren und öffnen. „So, herzlich willkommen zu unserer geführten Meditation zu mehr Selbstliebe und einem starken Selbstbewusstsein. Mein Name ist Anika und ich darf euch heute anleiten. Diese Themen sind die zentralen Punkte unserer Seminare und dieser Woche. Für eure persönliche Entwicklung ist gerade die Selbstliebe ganz essentiell. Sie ist euer Antrieb. Die Liebe zu euch selbst darf euch motivieren, euer bestes Leben zu leben. Wir werden jetzt schauen, ob nicht jeder Einzelne von euch sie in sich entdecken kann. Ich lade jeden von euch ein, sich einen warmen, kuscheligen Platz zu suchen, an dem ihr euch wohlfühlt."

Ich stopfe mir ein Kissen in den Rücken und schaffe mir so ein gemütliches Eckchen. Hier kann ich es eine Weile aushalten und mich ganz auf mich konzentrieren. Sanfte

Musik erklingt, das Licht wird etwas dunkler. Ich fühle mich geborgen und entspannt. Anikas Stimme ist sanft, tief und warm. „Ich lade dich jetzt ein, die Augen zu schließen und in einen sanften, aber tiefen Atemrhythmus zu kommen. Folge deinem Atem, wie er in dich hineinfließt und wieder aus dir hinaus." Bewusstes Atmen ist meistens der Einstieg in eine Meditation und es gab Tage, an denen ich dabei schon scheiterte. Aber nicht heute. Anika lässt uns Zeit, unseren Rhythmus zu finden und ich stelle mir bildlich vor, wie Luft als blauer Strom durch meine Nase, meine Luftröhre in meine Lunge fließt und wieder auf dem gleichen Weg hinaus. Dann wieder hinein und hinaus. Regelmäßig, ruhig, stärkend. Je öfter dieser blaue Strom in mich hinein fließt, desto mehr seiner Energie lässt er in mir zurück.

„Vielleicht kannst du dir jetzt, während du hier sitzt, bewusst machen, was dein Körper eigentlich ist. Deine Muskeln, deine Knochen, dein Blut, dein Herz, all deine Organe arbeiten unaufhörlich für dich. Dein Körper verfügt über ein ausgeklügeltes System, das immer funktioniert, so gut es kann, nur für dich! Abermilliarden Zellen, die sich ständig erneuern und arbeiten. Dein Körper ist dein Zuhause für dieses Leben."

Die Musik im Hintergrund spielt weiter. Sanft und melodisch unterstützt sie mich, den Rhythmus meiner Atmung nicht zu verlieren. Anikas spricht wieder mit sachter Stimme.

„Vielleicht hast du deinem Körper nie so bewusst Aufmerksamkeit geschenkt und wahrgenommen, dass alles an ihm dran ist, was du so brauchst, um tagtäglich deinen Weg gehen zu können. Somit gehörst du schon zu den glücklichen Menschen auf dieser Erde. Zu den Menschen, die all das haben, um jeden Tag ihre ganze Kraft zu fühlen. Dennoch sind wir manchmal sehr streng mit unserem Körper und gängeln uns. Vielleicht erlaubst du dir jetzt in diesem Moment wahrzunehmen, wie viel Strenge da in dir ist. Zu dir selbst und deinem Weg, zu deinem Körper." Ich spüre meinen Körper, zum ersten Mal in meinem Leben, als das Wunderwerk, das er ist. Ein komplexes und beeindruckendes System, das zu mir gehört, mir ein Zuhause gibt. Nicht etwas, das man permanent optimieren und verbessern und verändern muss. Ich war ganz schön streng mit mir bisher. Dieser Gedanke ist meinem Körper gewidmet. Aber wahrscheinlich ist das die traurige Wahrheit für mein ganzes Selbst. Das wird sich jetzt ändern, verspreche ich mir.

„Fühl auch mal weiter in dich hinein und frag dich: Diese Strenge, die du da entwickelt hast, diese Härte, was glaubst du, wo kommt die her? Ist sie wirklich deine oder hast du sie von jemandem übernommen? All diese harten, gemeinen Aussagen, die du zu dir selber sprichst, von wem hast du sie zuerst gehört? Wenn etwas nur oft genug ausgesprochen wird, tendieren wir dazu, diese Worte zu glauben. Dann übernehmen wir sie, sagen sie uns selbst, ohne wirklich zu überprüfen, ob sie uns gut tun oder stimmen. Wir kritisieren uns, sind streng zu uns und kommen so immer mehr von der Selbstliebe in eine Selbstunliebe hinein."

Manche Wahrheiten sind ganz einfach, wenn sie einmal ausgesprochen wurden. Ich weiß, wer mir jahrelang immer wieder gesagt hat, dass ich mich falsch benehme, wer mich ‚Dickes' genannt hat, bis ich als Teenie ganz aufs Essen verzichtet habe. Ich höre seine Stimme ganz klar in meinen Ohren. „Kein Wunder, dass du keinen abkriegst". Das hat er immer wieder zu mir gesagt.

„Wenn du mal in deine innere Bilanz schaust, wie viel Liebe und Aufmerksamkeit schenkst du dir denn jetzt schon? Stell dir das vor wie ein Haushaltsbuch. Ein Haushaltsbuch über deine Selbstliebe. Mit einer Habenseite, auf der all die guten und liebevollen Dinge stehen, die du dir jetzt schon schenkst. Dann ist da die Sollseite, auf der die Dinge stehen, die du noch nicht so machst, wie du es dir eigentlich wünschst. Was steht jetzt auf deiner Habenseite? Erlaube dir jetzt mal zu fühlen und zu sehen, was auf diesen Seiten steht. Welche Seite ist im Moment stärker ausgeprägt?" Gute Frage. Meine Oma und meine Großtante mussten mich fast aus dem Haus werfen, damit ich zu einem Italienurlaub aufbreche, den ich mir schon seit der Schule wünsche. Ich habe ernsthaft angenommen, meine Oma würde mich weniger lieben, weil ich ihr Auto kaputtgefahren habe und dieses Seminar musste mir quasi in den Schoß fallen. Aus mir selbst heraus hätte ich es nie gebucht, ich hätte es mir nicht erlaubt, Geld und Zeit nur für mich selbst zu investieren. Ich könnte mich irren, aber ich glaube, meine Bilanz ist nicht sonderlich ausgeglichen. „Nimm jetzt in diesem Moment wahr, wie es deinem Körper damit geht. Diesen Abermilliarden Zellen, die sich tagtäglich darum bemühen, sich wieder zu erneuern und deinen Körper in Schuss zu halten. Nimm wahr, wie automatisch das alles funktioniert, ohne dass du dich kümmern brauchst, ohne dass du das steuern musst. Das geschieht von ganz alleine. Wenn du möchtest, dann stell dir jetzt vor, dein Körper würde dir in diesem Moment begegnen. Nur für jetzt, und du hast eine einmalige Chance deinem irdischen Körper, in dem du als geistiges Wesen lebst, zu begegnen. Diese Hülle, in der du für dieses Leben hier auf dieser Erde bist. Den du dir ausgesucht hast, wie ein Kleid, das jeden Tag auf dich wartet und für dich da ist. Auch wenn dein Körper in deinen Augen nicht perfekt ist. Kannst du ihm danken? Dafür, dass er jeden Tag wieder sein Bestes gibt für dich? Dich von A nach B bringt, dir eine Heimat ist, ein Zuhause. Der sich nur dann beschwert, wenn es wirklich nicht mehr anders geht. Vielleicht kannst ihm jetzt einen kleinen Dank schicken, oder sogar Liebe fließen lassen aus deinem Herzen in deinen Körper. In all die Zellen, die immer alles hören und mitbekommen, was du sprichst, was du denkst und was du fühlst. Über dich und diesen Körper." Eine gruselige Vorstellung, dass mein Körper immer mitbekommt, was ich so über ihn sage und denke. Jedes Mal wenn ich das Gefühl habe, er sollte anders sein, hübscher aussehen, schlanker sein, besser funktionieren, hat er mich gehört.

„Und nun möchte ich dich noch weiterführen. Du stehst nicht mehr nur Angesicht zu Angesicht mit deinem irdischen Körper, von dort aus reisen wir gemeinsam an den

Ort, an dem du geboren wurdest. Ich möchte dich dahin führen, wo du auf die Welt kamst. Als kleines, unschuldiges Kind, das ganz neugierig und offen in diese Welt blickt. Das neue Leben, das sich freut auf all die Abenteuer, die hier auf es warten; das hier ganz frisch angekommen ist und noch nicht die Verletzungen erlebt hat, die dann im Laufe seines weiteren Lebens noch folgen werden. Dieses Kind, aus dem noch all das Wissen schaut, all die Freude, all die Neugier, all die Liebe. Dieses Kind ist noch angebunden an das Universum, an den Ort, von dem es herkam. Es sieht noch all die Optionen, die in diesem Leben auf es warten. Stell dir vor, du würdest zu diesem Kind gehen und es in deine Arme schließen. Kannst du das sehen? Vielleicht kommst du ihm erstmal nahe und betrachtest es. Wie würde es sich anfühlen, wenn du diesem Baby gegenüber stehst? Diesem Baby, das du mal warst. Das dich anlächelt und anstrahlt. Freudig, unschuldig und offen. Das jetzt darauf wartet, was als Nächstes geschieht. Nimm mal wahr, wie du in diesem Moment mit diesem Kind bist, und spüre in einen Körper hinein, ob da noch immer diese Härte ist, diese Strenge, dieses Unnachgiebige mit dir, dieses Urteilen über dich. Ist all das da, wenn du auf dieses kleine, göttliche Wesen schaust? Vielleicht kannst du noch wahrnehmen, dass es göttlich ist." Ich spüre schon wieder Tränen auf meinen Wangen, als ich mich selbst als Baby vor mir sehe. Zuerst sehe ich das Foto in dem Babyalbum, das meine Mutter für mich angelegt hat. Klein, dick und rund, mit dünnen, blonden Locken. Dann sehe ich mich selber, vielleicht vier oder fünf Jahre alt, weinend in meinem Kleiderschrank, vergraben in einem der Wollpullover meines Opas.

„Mach dir klar, dass es ein Wunder ist, dass dieses Wesen in nur neun Monaten entstanden ist. Ein Wunder, welches viele Aufgaben auf dieser Welt hat. Du darfst begreifen, dass es einen Grund gibt, für dieses Wesen hier zu sein. Spürst du, dass du es gerne schützen und mit Liebe überschütten würdest?" Ja, das spüre ich ganz deutlich. „Wenn du möchtest, lässt du jetzt aus deinem Herzen einen warmen, goldenen Strahl fließen, zu diesem Baby hin. Nimm wahr, wie dieser goldene Strahl in das Kind, in die Erde und in das Universum fließt. Er verbindet dich mit allem und lässt dich, das göttliche Kind, Mutter Erde und alles andere erstrahlen. Dies goldene Licht ist deine Liebe. Das ist deine Kraft. Du badest in dem Gold und lässt alles los. Verbinde dich immer mehr mit diesem Baby und nimm wahr, was es sich wünscht. Warum ist es auf diese Welt gekommen? Was waren seine Ideen, seine Intention?"

Bestimmt hat sich dieses Kind nicht gewünscht, dass es als Erwachsene, vollkommen gelähmt vor Angst, ihr Leben in der Kellerwohnung ihrer Oma verbringt.

„Und während du in deinem Inneren immer und immer ruhiger wirst, kannst du fühlen, kannst du wahrnehmen, warum du hier bist. Wenn du magst, öffnest du dich jetzt für diesen göttlichen Teil von dir. Für dieses viel Größere. Öffne dich für das, was du erlebt hast. Für den Teil, der überlebt und dich stets gestützt und weitergeführt hat. So dass du jetzt hier sitzt. Jetzt hier in dieser Situation, in der du vielleicht zum ersten Mal realisierst, dass du weit mehr bist als dieser Körper. Er ist dein Zuhause, dein Gefährt, dein momentaner Aufenthaltsort. Aber du bist größer, heller und strahlender. Trau dich, ganz in dich hineinzufühlen. Oft ist es nicht die Dunkelheit, vor der wir Angst haben, sondern die Größe, die wir in uns finden können."

Ich glaube, die Musik wird lauter, leidenschaftlicher. Mein Herz beginnt so laut und heftig zu schlagen, dass es mir fast aus dem Brustkorb zu springen scheint. Der blaue Strom, den ich ein- und ausatme, lässt seine Energie in mir zurück, die in meinem Brustkorb wächst und anfängt zu pulsieren. Ich bin mir fast sicher, dass man diese Energie von außen sehen kann. Die blaue Energie aus meiner Lunge und den goldenen Strahl aus meinem Herzen. Ich fühle mich kraftvoll. So wie noch nie zuvor.

„Wenn du magst, öffnest du dich jetzt für diese Größe in dir. Als ob du diesen göttlichen Teil von dir einmal in diesen Raum holst und hinter dich stellst. Diesen göttlichen Teil, der sich zeigen kann, je nachdem, an was du glaubst. Er kann erscheinen als helles Licht, einem geistigen Begleiter, vielleicht einem Engel oder einfach nur einer warmen Energie, die sich jetzt hinter dich stellt und dir das Gefühl von Sinn und Ruhe gibt, in dir. Wenn du magst, erlaubst du dir, Kontakt aufzunehmen zu diesem göttlichen Teil in dir und dich anzulehnen. Nimm wahr, wie sich das anfühlt, wenn du alle Energie deines göttlichen Seins in dich hineinfließen lassen kannst. Nimm wahr, dass du schon immer ganz angebunden warst und nie verloren. Selbst, wenn du dich manchmal allein gefühlt hast – dieser göttliche Teil ist immer da und wartet immer auf uns. Du bist nicht alleine. Du bist geschützt und du bist geliebt. Öffne dich für dein Herz, das dir so viele Botschaften geben möchte, wenn du nur zuhörst. Wenn du möchtest, kannst du deine Hand unterstützend auf deine Brust legen und kannst mal hinfühlen, dort in diesen warmen Brustbereich. Wenn du möchtest, lässt du deine Energie in deinen Herzraum fließen. Nimm einmal wahr, wie sich das anfühlt, wenn du mit allem verbunden bist. Stell dir vor, du lauschst deinem Herzen wieder. Stell dir vor, du fragst es ganz offen, was es sich wünscht. Was wünschst du dir, mein Herz?"

Anika schweigt. Sie lässt uns auf unser Herz lauschen. Ich spüre meine Sehnsüchte so klar und deutlich wie nie zuvor. Ich möchte gestalten. Ich möchte mein Leben in die Hand nehmen. Die Energie in mir fühlt sich an, als würde sie pulsieren. „Wenn du jetzt einmal zurückblickst auf dein Leben. Wenn du jetzt einmal genau schaust aus der Beobachterperspektive, schau mal, ob du nicht stets versucht hast, dein Bestes zu geben. Auch wenn dann schnell unser innerer Kritiker laut wird und sagt ‚Ja, aber ich hätte noch viel mehr tun können und müssen. Ich hätte dieses und jenes anders machen müssen …'. Fühl nochmal hin. In der Verbindung mit deinem Herzen und frag dein Herz ruhig mal, ob du nicht doch stets dein Bestes gegeben hast. Mit deinem göttlichen Teil hinter dir, diesem starken, kraftvollen Teil, der dich unterstützt, schau noch einmal auf dieses Baby, das du einmal warst. Was würdest du am liebsten mit diesem Baby tun? Es mit Liebe überschütten? Ihm sagen, dass du gekommen bist, um es abzuholen? Um es mitzunehmen, auf deinen Weg? Du kannst jetzt alles machen, mit ihm reden, dich bedanken, es in den Arm nehmen. Du kannst ihm sagen, dass du sehen kannst, was für ein wunderbares Geschöpf es ist. So liebevoll und offen, so freudig auf alles, was noch kommt. Du kannst es zu dir nehmen, auf den Arm und es lieb haben, so viel du magst. Wenn du möchtest, schenkst du ihm jetzt aus deinem Herzen all die Liebe, die in dir ist. Denn in dem Moment, in dem du deinem inneren Kind, diesem Baby, deine Liebe schenkst, schenkst du sie dir selbst. Und während du deine Liebe fließen lässt, nimm einmal wahr, welche Farbe das wäre, die jetzt gerade aus dir hinaus strahlt in das Baby und lass den gesamten Raum in dieser Farbe erstrahlen." Sonnengelb, schießt es mir durch den Kopf. Meine Liebe ist sonnengelb, mit dem elektrischen Blau, meiner Energie, scheine ich leuchtend grün, wie eine satte Frühlingswiese. „Lass immer mehr los in diesem angenehmen Gefühl, dass sich in deinem ganzen Körper ausbreitet und wenn du magst, lässt du dieses Baby wissen, dass es ab jetzt immer leichter werden darf. Dass du dich jetzt lieben wirst, genauso wie du bist. Lass es wissen, dass du dich jetzt daran erinnern möchtest, dass du ein göttliches Wesen bist, in einem irdischen Körper. Eine große Seele und weitaus mehr, als du je gedacht oder für möglich gehalten hast; auf diese Erde gekommen, um Großes zu bewirken. Dann fühle ruhig in dein Herz hinein. Was ist die Botschaft deines Herzens, warum du hier bist? Schau, was deine Aufgabe ist, jetzt hier auf dieser Erde. Alles ist möglich, wenn du es für möglich hältst. Wenn du dieses kleine Baby jetzt ganz liebevoll zu dir, zu deinem Herzen nimmst und ihm eine Heimat gibst, stell dir vor, du würdest all die Kinder, die du einmal warst, jetzt sehen. Du kannst ihnen allen eine Heimat geben, in dir. Du kannst ihnen zeigen, was du schon alles in diesem Leben erreicht hast. Du kannst sie mitnehmen an diesen Ort, an dem du jetzt gerade lebst, und würdest ihnen zeigen, was du alles schon erschaffen hast. Du würdest sie wissen lassen, dass du auf dem Weg bist. Immer mehr hin zu mehr Selbstliebe und Selbstachtung."

All die Bilder, die Anika in meinem Kopf auslöst, führen mich zurück zu all den kleinen, weinenden Mädchen, die ich einmal war. Ich möchte sie alle trösten, sie alle beschützen und vor allem möchte ich ihnen sagen, dass ihre Zukunft gut sein wird. Jeden Tag ein wenig besser. Die Musik spielt weiter, wird wieder ruhiger, entspannter und langsam leiser. Ich spüre noch immer die Wärme in mir, die summende, blaue Energie in meinem Brustkorb beruhigt sich. Der Raum strahlt noch immer sonnengelb, aber es wird langsam blasser. Um mich herum ist noch immer ein grüner Schimmer. Ich kann ihn spüren.

„Nimm deinen Körper jetzt wahr, wenn du dir all das vorstellst. Fühl in dich hinein, während du all deine Anteile wieder zu dir holst, in ihr Zuhause. Das Baby, deine göttliche Kraft, deine Seele, dein Körper – alles fügt sich wieder zusammen. Wie geht es dir jetzt? Wie fühlt sich dein Körper an?" Sie macht wieder eine Pause, lässt uns weiter in unseren Körper spüren.

„Wenn du jetzt gleich wieder hierher zurückkommst, ermutige ich dich: Sei du der liebevolle Erwachsene, den du vielleicht nie hattest. Sei du der Mensch, den du dir gewünscht hast. Schenk du dir selbst all die Liebe, die in dir ist, und lass sie aus deinem Herzen fließen in den Raum. Nimm das, was du bisher erschaffen hast in deinem Leben, in deinem Körper wahr. Nimm ein Bad in dieser Liebe, lass dich hineinsinken. Entspann dich immer mehr in diesem Bad, das dich umgibt. Genieße noch einen Moment diese Liebe, dieses warme Bad darin. Öffne dich dafür, dass du selbst entscheiden kannst, dich zu lieben. Jeden Tag. Immer ein Stückchen mehr. Du hast es in der Hand. Es ist deine Liebe." Sie macht wieder eine lange Pause, in der ich weiter gleichmäßig atme und die Wärme meiner Liebe um mich herum spüre. „Ganz in deiner eigenen Zeit nimmst du ein paar warme Atemzüge, wenn du möchtest, kannst du dich recken und strecken. Komm mit all diesen neuen Bildern hier wieder an, wieder in diesen Raum zurück."

Ich brauche noch einen Moment, bis ich die Augen öffnen kann. Vorher beginnen meine Ohren, den Raum wieder wahrzunehmen. Ich höre, wie sich die anderen um mich herum bewegen und strecke mich ausgiebig. Ich bin stolz auf mich. Dieses Mal habe ich beim Meditieren keine Rückenschmerzen bekommen, nichts hat mich abgelenkt, meine Nasenspitze hat nicht angefangen zu jucken. Alles war gut und sicher. Als ich meine Augen endlich öffne, stelle ich fest, dass ich die Letzte bin, die noch hier im Meditationsraum verblieben ist, außer Anika und Petra.

„Anna, geht es dir gut? Wie war es für dich?", fragt mich

Petra, während ich langsam aufstehe und mich strecke. „Richtig gut. Das war ... einfach gut." Ich lächle und habe das Gefühl, nicht mehr damit aufhören zu können. Es ist eine entspannte Freude, die sich in mir ausgebreitet hat. Ich fühle mich nicht euphorisch, als müsste ich durch die Gegend hüpfen, sondern eher, als könnte ich jetzt stundenlang zufrieden auf einer Parkbank sitzen.

Als ich aus dem Meditationsraum hinaus durch den Flur schlendere, überlege ich kurz, ob ich doch noch zu Elena und den anderen auf die Terrasse gehe. Aber ich spüre gerade das Bedürfnis, alleine mit mir und meinen Gedanken zu sein. Ich möchte diese tiefe, stille Zufriedenheit, die ich jetzt in mir spüre, einfach weiter genießen.

TAG 3 – VON VISIONEN UND MAGNETEN

Als mein Wecker mich erbarmungslos aus dem Schlaf reißt, fühle ich mich so gut wie schon lange nicht mehr. Einerseits. Andererseits fühle ich mich, als wäre ich letzte Nacht einen Marathon gelaufen. Mit Hindernissen und Fallgruben. Was für ein Tag, was für ein Abend. Eine Stimme in meinem Kopf sagt mir, ich sollte einfach den ganzen Tag im Bett bleiben und mir die Decke über den Kopf ziehen. Doch die Stimmen der anderen Seminarteilnehmer, die mir versichern, dass ich mich jetzt auf dem richtigen Weg befinde, hallen nach. Also sammle ich all meine Energie und rolle mich aus dem Bett. Während ich versuche, einigermaßen wach zu werden, fliegt die Tür auf und meine Zimmernachbarin kommt hinein. Sie war offensichtlich wieder laufen und wirbelt mit unmenschlicher Energie durch den Raum.

„Guten Morgen Anna, na alles klar?", flötet sie, bevor sie mir ins Gesicht blickt. Der Anblick muss sie etwas aus dem Konzept gebracht haben, denn sie stoppt und schaut mich dann nochmal an. „Oh, es ist nicht alles klar. Was ist denn los?" Sie setzt sich neben mich aufs Bett. Ich sollte eigentlich nicht mehr überrascht sein, wie aufmerksam und nett die anderen Teilnehmenden sind.

„Nein, es ist ‚alles klar'. Ich hatte gestern einfach nur ein paar krasse Erkenntnisse und fühle mich ein wenig müde."

„Oh Mann, ich kenne das Gefühl. Darf ich?" Sie legt den Arm um mich und ich nicke stumm. „Ich weiß noch bei meinem ersten Seminar ging es mir auch so. Man ist einerseits so glücklich über die neuen Erkenntnisse, aber manchmal einfach fertig. Ganz oft wehrt sich etwas in uns, die ausgetretenen Pfade zu verlassen und neue Wege zu gehen. Das ist nur unser Kopf, der uns nicht aus unserer Komfortzone rauslassen will. Du wächst, du entdeckst neue Möglichkeiten. Das ist großartig. Aber es ist teilweise auch herausfordernd. Mach dir keine Sorgen, die meisten von uns haben das erlebt. Ich bin mir sicher, nein, ich garantiere dir, es wird besser und dann wird es richtig, richtig gut." Dann drückt sie mich an sich und ich lehne meinen Kopf gegen ihre Schulter.

„Danke! Ich fühle mich auch gerade gar nicht schlecht. Im Gegenteil. Aber ich fühle mich einfach erschöpft!"

„Das kann ich total nachvollziehen. Es ist herausfordernd und vor allem erst mal neu, was du hier erlebst. Zieh dich an, schnapp dir ein gutes Frühstück für mehr Energie und sei gespannt auf den heutigen Tag. Du hast sicherlich Großes vor dir!"

Sie drückt mich nochmal kurz und steht dann auf. „Ich gehe jetzt duschen und werde dasselbe tun! Wir sehen uns später."

„Ja. Danke nochmal", ich lächle sie an und mache mich für den Tag zurecht. Im Frühstücksraum halte ich nach Elena Ausschau. Ich entdecke sie natürlich lachend im Zentrum einer großen Gruppe mit anderen Menschen. Als sie mich erblickt, winkt sie mich sofort zu sich und ruft durch den ganzen Raum: „Oh Anna, Herzchen, da bist du ja! Geht es dir wieder besser nach deinem Tief gestern Abend?" Ich möchte sie kurz boxen, dass sie das so hinausposaunt. Aber nur kurz, denn dann fällt mir wieder ein, dass mir das hier nicht peinlich sein muss. Ich lächle und gehe zu ihr hinüber. „Guten Morgen! Danke der Nachfrage Elena, es geht mir schon wieder gut. Die Meditation gestern war noch wirklich hilfreich für mich. Die hat ganz viel auf- und ausgelöst."

„Oh, das ist schön. Komm, hol dir einen Kaffee und geselle dich zu uns." Ich lasse meinen Blick durch die Gruppe schweifen und entdecke Ben, mit seinen braunen Augen und diesem Lächeln, das mir wieder ein bisschen weiche Knie macht. Ich nicke schnell, bevor ich rot werde und atme an der Kaffeebar erst einmal durch. Es ist albern, diesen Mann anzuschwärmen wie ein Teenager. Außerdem, egal wie hübsch Ben ist, ich bin hier um mich auf mich zu konzentrieren, nicht um jemanden anzuschmachten. Vollkommen unabhängig davon, wie umwerfend seine Augen sind. Und sein Lächeln. Tatsächlich sind hübsche junge Männer gerade das Letzte, was ich brauche. Da bin ich mir fast sicher. Ich atme tief durch. Selbstliebe ist das Schlüsselwort. Erstmal lerne ich, mich zu lieben, dann schaue ich weiter. Als ich mich neben Elena setze, stupst sie mich mit ihrer Schulter an und flüstert mir leise zu: „Wenn du nochmal reden magst über gestern, ich bin immer da."

„Das ist lieb von dir, aber ich glaube, es ist wirklich okay. Es waren einfach mehrere Situationen, die mich verunsichert haben. Die Meditation am Abend war wirklich toll und hat mir enorm geholfen. Ich denke jetzt darüber nach, wie viel Stress und Mist ich mir hätte ersparen können, wenn ich schon früher auf mich gehört hätte. Momentan fühle ich mich einfach ausgepowert, aber nicht mehr so frustriert wie gestern."

„Ich kenne den Gedanken. Aber sieh es mal so: Du wirst dir jetzt viel Stress ersparen und Zukunfts-Anna ist dir jetzt schon dankbar für die Arbeit, die du leistest."

„Das ist lieb. Ich glaube, eine doofe Interaktion mit einer anderen Teilnehmerin hat mein Tief da ausgelöst. Sie wirkte enorm ablehnend und das geht mir dann immer sofort an die Substanz."

„Weil du von allen gemocht werden willst?"

„Weil ich von allen gemocht werden will."

„Und warum möchtest du von allen gemocht werden?"

„Wer möchte das denn nicht?"

„Ganz viele Menschen. Außerdem, wenn du mal genau drüber nachdenkst, ist es auch ganz schön egozentrisch, davon auszugehen, dass du der Grund warst, dass sie schlechte Laune hatte. Hast du mal darüber nachgedacht, dass es gar nicht um dich ging? Wir haben hier alle echt viel mit uns selbst zu tun, manchmal leiden dann gewisse Social Skills. Vielleicht war sie einfach in ihrem Kopf und voll mit sich selbst beschäftigt. Oder sie hat schlecht geschlafen. Wer weiß?! Und selbst wenn sie dich nicht mochte, was macht das für einen Unterschied? Glaubst du, irgendein Mensch auf der Welt fühlt sich besser oder schlechter, weil du dir einen Kopf wegen ihnen machst? Ein sehr weiser Mensch hat gesagt ‚Other people's opinions of me are none of my business' – die Meinung anderer Menschen über mich, geht mich gar nichts an."

„Das ist ein sehr kluger Satz. Wer hat das gesagt?"

„RuPaul, eine weltberühmte amerikanische Drag-Queen und mein spiritueller Guru mit Schminke." Elena schaut mich so ernst an, dass ich lachen muss. Ich bin froh, dass ich sie kennengelernt habe und lege meinen Arm um sie.

Nach dem Frühstück laufe ich mit Elena zurück in den großen Saal und stoße dabei fast mit Kathrin von gestern zusammen. Man kann bei diesem Seminar wirklich niemandem entkommen. „Hey, entschuldige bitte." Ich lächle sie an. Schließlich möchte ich immer nett und höflich sein.

„Alles gut," sie zögert kurz. „Ich wollte nochmal mit dir reden wegen gestern. Sorry, dass ich von der Übung einfach weggerannt bin. Es ist so viel, womit ich gerade echt beschäftigt bin, das hatte nichts mit dir zu tun."

Ich höre ein Quietschen von Elena, die wahrscheinlich eine Flutwelle von Worten zurückhält, und lächle Kathrin an. „Kein Problem. Geht mir nicht anders. Ich hatte schon Angst, etwas, das ich gesagt habe, hätte dich verärgert."

„Nein, keine Sorge, das war eine Sache mit mir selber. Ich hoffe, du hast dich nicht schlecht gefühlt, oder so? Na ja, ich setze mich mal auf meinen Platz. Wir sehen uns." Sie lächelt schief, dreht sich um und geht.

„Oh Elena, du Weiseste der Weisen, erleuchte mich stetig mit deiner ... äh ... Weisheit.", huldigt sie sich selbst. Ich muss lachen. „Ja, du hattest Recht." „Wenn du mich etwas besser kennst, wirst du feststellen, dass ich fast immer Recht habe."

„Dass ich immer alles auf mich beziehe und so schnell davon ausgehe, dass mich Menschen nicht mögen, darf ich auch mal genauer untersuchen.", murmel ich vor mich hin, als Elena und ich uns setzen.

"Wir haben gestern mit Petra über die fünf Stufen der Selbstliebe gesprochen. Das fand ich auch enorm spannend", erzähle ich Elena, als wir uns setzen.

"Oh ja, das ist ein tolles Thema."

"Wir sind aber nur bis Stufe drei gekommen, die letzten beiden wirken noch quasi unüberwindbar für mich. Familienbeziehungen befrieden? Wie soll das denn gehen, wenn die andere Seite nicht will?"

"Es geht dabei doch gar nicht um die anderen, sondern um dich. Du darfst deinen Frieden schließen. Wie der Andere damit umgeht, ist seine Sache." Elena würde sicherlich noch weiter reden, aber der Saal wird langsam dunkel. Heute ist der dritte Tag unseres Seminars, fast Halbzeit. Kaum zu glauben, wie schnell die Zeit vergeht, obwohl unsere Tage so voll mit intensiven Erfahrungen und Impulsen für uns selbst sind. Wir suchen uns Plätze in der Mitte der Reihen. Das Licht auf der Bühne geht an, die Gespräche im Publikum verstummen und die Leinwand hinter der Bühne leuchtet auf. Darauf stehen heute die Worte:

„WER BIN ICH WIRKLICH UND WO WILL ICH HIN?"

Die Coaches betreten die Bühne, Applaus wird laut und Petra, mit der ich den gestrigen Nachmittag bereits verbringen durfte, tritt nach vorn.

„Guten Morgen, meine Lieben. Heute ist unser dritter gemeinsamer Tag! Kaum zu glauben, oder? Ich finde ja, bei diesen Seminaren vergeht die Zeit gleichzeitig mega langsam und im nächsten Moment viel zu schnell. Heute werden wir uns mit einem weiteren wichtigen Aspekt eurer persönlichen Entwicklung beschäftigen. Mit eurer Vision. Diesem Bild oder Wunsch von eurer idealen Zukunft! Diese Vision kann euch selbst, euren Traumpartner oder auch eine ideale berufliche Zukunft betreffen. Vollkommen egal, jeder Bereich eures Lebens kann eine Vision und eine klarere Ausrichtung gut gebrauchen. Aber wie kommen wir zu dieser Vision, zu diesem Bild von eurer perfekten Zukunft?"

Das möchte ich auch gerne wissen! Ich habe noch gar keine Ahnung, wie meine Zukunft aussehen soll, ganz zu schweigen davon, wie die ‚perfekte' denn aussehen könnte. Ich glaube, ich brauche erst mal irgendwas Zukunftsähnliches. Das große Ziel, ohne weitere Unfälle Italien wieder zu verlassen. Die Vision von meiner eigenen Schublade in Omas Flurschrank. ‚Na komm schon Anna, Zynismus bringt dich hier nicht weiter!', tadele ich mich. Wenn ich es hier nicht zulasse, mache ich es mir nur unnötig schwer, ein Bild von meiner Zukunft zu entwickeln.

„Zuerst, ihr ahnt es schon, schauen wir uns wieder euer Jetzt an. Wir haben es in den letzten Tagen immer wieder betont: Ihr seid heute das Ergebnis all dessen, was ihr in eurer Vergangenheit erlebt habt. Das bedeutet aber auch, dass eure Zukunft das Ergebnis ist von all dem, was ihr heute tut! Heute ist der Tag, an dem ihr eure Zukunft erschafft! Wenn wir nun, wie in den letzten Tagen immer wieder geübt, die Blockaden aus unserer Vergangenheit liebevoll loslassend spüren, können wir die so freigewordene Energie dafür einsetzen, eure Zukunft zu gestalten." Applaus wird laut. Ich fühle mich bereit, nach vorn zu schauen. Vielleicht habe ich jetzt noch keine Traumzukunft für mich, aber ich bin bereit, sie mir zuerst als Vision und dann in der Realität zu erschaffen. Dort möchte ich all meine Energie hineinstecken.

„Der erste Schritt, Blockaden aufzulösen und die damit verbundenen Emotionen loszulassen ist, zu erkennen, dass alle Gefühle, die wir in der Lage sind zu empfinden, zu uns gehören. Alles, was wir fühlen können, ist ein Teil von uns. Das Schöne und auch das vermeintlich Schlechte. Und hier ist es ganz wichtig, sich klar zu machen, dass kein Gefühl ausschließlich schlecht ist. Wir dürfen einen neuen, positiven Umgang mit ihnen erlernen. Ohne Trauer gibt es keine Freude, ohne Angst keinen Mut, ohne Ohnmacht keine Selbstbestimmung. Diese Gefühle sind die berühmten zwei Seiten der Medaille. Ein häufig genanntes ‚Problemgefühl‘", Petra zeichnet Anführungszeichen mit ihren Fingern in die Luft, „ist unsere Wut. Immer wieder sagen Teilnehmende, sie würden ihre Wut gerne verlieren. Aber das wäre schade und eine Verschwendung, denn wenn wir nicht bereit sind, Wut zu empfinden, fehlt uns die Energie, die unsere Wut mit sich bringt. Wut ist nichts anderes als Lebensenergie. Wir brauchen die Energie dieser vermeintlich negativen Emotionen, um kraftvoll und schöpferisch zu leben."

Sie schaut in die Runde und ich erinnere mich an den vergangenen Nachmittag und die junge Frau, in deren Beschreibung ihrer Wut ich mich so wiederfand. Wut als etwas kraftvolles zu betrachten, das schöpferisch genutzt werden kann ist ein toller Gedanke. Auf die Idee wäre ich alleine nie gekommen. Aber dieser Gedanke macht mich sehr glücklich in diesem Moment. Meine Wut ist nichts Schlechtes, das ich verstecken muss. Ich kann die Energie nutzen und umlenken. Wie schön. Wie tröstend! Denn auch ich trage viel Wut in mir.

„Gleichzeitig ist es wichtig zu verstehen, dass ihr nicht die Wut, die Trauer, die Ohnmacht, die Schuld seid. Sie definieren euch nicht. Ihr habt ein Gefühl von Wut, Ohnmacht und so weiter. Sie sind ein Teil von euch, der integriert werden möchte. Als Erwachsene seid ihr aber heute in der Lage, blockierte Emotionen wieder in den Fluss zu bringen. Die Energie, die daraus frei wird, dürft ihr für euch nutzen, anstatt sie in den Körper wegzudrücken. Sie wird immer wieder an die Oberfläche kommen. In dem Moment, indem wir alle uns diesen bisher weggedrückten Emotionen öffnen, sie bereitwillig da sein lassen, sie fühlen, entspannt es sich in uns. Unsere Energie kommt wieder ins Fließen. Wir lassen innerlich los und dürfen dann feststellen, dass uns diese Gefühle nicht automatisch schaden. Sie gehören zu unserer Geschichte, zu dem Kind, das wir waren. Die neue, freigewordene Kraft können wir wieder nutzen. Für unsere Vision. Für eure Vision von eurem Leben."

Petra hält inne und strahlt in den Raum. Ich habe das Gefühl, ihre Energie spüren zu können. Ich habe wahrscheinlich noch nie darüber nachgedacht, wie ich mir mein Leben vorstelle, und finde es gerade unheimlich aufregend. Wenn ich so darüber nachdenke, hat mir auch noch nie jemand gesagt, dass ich mir mein Idealleben nicht nur still wünschen, sondern aktiv gestalten kann.

„Gestern Nachmittag haben wir in Kleingruppen über Themen im Jetzt und ihre möglichen Ursprünge gesprochen. Wie eben bereits gesagt, liegen sie oft in der Kindheit. Das wisst ihr inzwischen. Diese Verletzungen unserer Kindheit tragen wir mit uns herum und sie prägen uns bis heute. Wir sprechen von dem ‚inneren Kind‘, weil das so ein gut verständliches Bild ist. Die Erfahrungen eurer Vergangenheit, personifiziert in dem Kind, das ihr einst wart. Ganz oft, wenn wir auf diesen Seminaren von Verletzungen sprechen, antworten uns Teilnehmende, dass ihre Kindheit schön war, sie nichts Schlimmes erlebt haben und ihre Eltern ihr Bestes gegeben haben. Deswegen, nur zur anfänglichen Klarstellung, möchte ich betonen, dass es nicht darum geht, schreckliche Fehler eurer Eltern aufzudecken. Viele Verletzungen geschehen, obwohl alle um uns herum unser Bestes wollten und uns gegeben haben, was sie konnten. Aber auch unsere Eltern sind Menschen mit Fehlern, ihren eigenen Erfahrungen und nicht aufgearbeiteten Erlebnissen. Manche Verletzungen beruhen auf Missverständnissen. Ihr müsst nicht misshandelt worden sein, um ein ‚Recht‘ auf kindliche Verletzungen zu haben. Manchmal sind eure Bedürfnisse nicht erfüllt worden, weil eure Eltern sie nicht kannten oder sie schlicht nicht erfüllen konnten, weil Zeit oder andere Ressourcen fehlten. Ein Umzug kann eine Verletzung gewesen sein, der Tod eines geliebten Familienmitgliedes, es gibt verschiedene Beispiele. Das ist aber auch alles unerheblich. Es geht nicht um Schuldzuweisung, sondern darum, eure Zukunft zu gestalten! Je mehr wir unser inneres Kind heilen und es lieben lernen, umso unabhängiger und freier werden wir. All die Liebe, die wir uns von außen wünschen, dürfen wir in uns selbst finden. Wir selber sind in der Lage uns all das zu geben, was wir bisher im Außen gesucht haben. So werden wir unabhängig und wirken auch auf die Anderen viel attraktiver, freier und selbstbestimmter. Wir projizieren nicht mehr auf die Anderen, wir reproduzieren nicht mehr ständig unsere alten Wunden im Jetzt, sondern gehen selbstbestimmt und bewusst unseren Weg. Unsere Gedanken und Glaubenssätze, die eben meist in der Kindheit und Jugend entstanden sind, halten uns dann nicht mehr wie Gummibänder zurück. Wir wissen, wer wir sind, warum wir so sind, kennen uns und unsere Stärken sowie Schwächen, finden zu mehr Selbstannahme und so auch abschließend zu immer mehr Selbstliebe."

Die Begeisterung im Raum ist ansteckend und auch ich applaudiere nach Petras Worten enthusiastisch. Letztendlich ist es doch genau das, was wir alle im Leben wollen, oder? Uns selbst lieben und annehmen, wie wir sind. Einfach zufrieden sein, glücklich. Nicht unsere ganze Energie und Zeit darauf verschwenden, einem Ideal nachzustreben, das gar nicht unser Eigenes ist.

„Heute werden wir also über eure Vision sprechen. Denn die darf für euch Motivation sein, stetig weiter an euch zu arbeiten. Stellt euch das so vor", Petra dreht sich zu der Tafel um, die hinter ihr steht und jetzt auf die große Leinwand hinter ihr übertragen wird. Sie malt einen kleinen Kreis in die Mitte und schreibt ‚Komfortzone' hinein. „Hier befinden wir uns. Diese Komfortzone ist zwar nicht immer wirklich komfortabel, aber sie ist bekannt, sie ist ungefährlich. Ganz außen", sie malt einen Hufeisenmagneten in die linke obere Ecke, „hier ist eure Vision. Da wollt ihr hin. Sie zieht euch, sie motiviert euch jeden Tag, die Ärmel hochzukrempeln und neue Wege zu gehen, um dort hinzukommen. Vorstellen und manifestieren ist zwar super und wichtig, um euer Ziel und tiefer in euch liegend eure Vision zu kennen, aber wenn ihr nicht ins Tun kommt, dann wird diese Vision nur ein Traum bleiben. Versteht mich nicht falsch, ins Tun kommen bedeutet auch manchmal etwas zu lassen. Es geht eben nicht um Anstrengung, sondern um mutige Schritte. Sie muss also stark und klar sein, dass sie euch an schlechten Tagen motiviert und aufbaut. Es geht dabei weniger um ein klares Bild, sondern eher um ein Gefühl, das ihr in eurer Zukunft erleben wollt. Wie wollt ihr euch fühlen, in eurer Zukunft? Welche Eigenschaften und Werte wollt ihr leben? So, wie kommt ihr nun von eurer Komfortzone zu eurer Vision? Leider ist das nicht so einfach, denn auf dem Weg sind ein paar Hindernisse." Sie malt einen weiteren Kreis mit roter Kreide um die Komfortzone herum und schreibt das Wort ‚Angst' hinein. „Zu allererst dürfen wir hier genau hinschauen und eintauchen. Diese Zone gilt es zu überwinden. All die Dinge, die euch davon abhalten, eure Komfortzone zu verlassen, stecken hier drin. Die Angst vorm Scheitern, vorm Erfolg, vor was auch immer. Es ist schon fies, dass sie direkt an der Grenze der Komfortzone liegt und es so noch unattraktiver macht, sie zu verlassen. Aber natürlich ist die Angst nicht das einzige Hindernis, das auf dem Weg zur Vision lauert", sie zwinkert mit dem rechten Auge und malt einen weiteren Kreis, dieses Mal in Blau. Dort schreibt sie, in die obere Hälfte ‚ich mache es‘ und in die untere Hälfte ‚ich lasse es‘. „Hier ist eure Entscheidung. In dieser Phase ist es wichtig, euch daran zu erinnern, warum ihr angefangen habt. Aber erst in der nächsten Phase" sie malt wieder einen roten Kreis um den äußersten blauen Kreis, „erst hier beginnt wirkliche Veränderung. Hier wollt ihr hin. Aber um dort hinzukommen, dürft ihr bewusst durch all die anderen Phasen durchgehen. Eure Vision ist hierbei der Magnet, der euch zieht. Die eigene Vision ist genährt von einem tiefen Sinn, einer Sinnhaftigkeit, die immer da ist. Sie ist angefüllt mit unseren Werten, die wir leben wollen und dadurch ist sie stark und das sollte sie auch sein. Das stärkt uns zu jeder Zeit, auch wenn es mal herausfordernd ist und deshalb darf die Herzensvision groß und erfüllend und sinnhaft sein. Wir wollen euch dazu einladen, euch intensiv darauf zu konzentrieren, eure Vision zu finden. Das tiefe ‚warum‘ in uns, das uns antreibt, weshalb wir hier auf Erden sind, wofür wir hier in diesem Leben angetreten sind. Daher ist nun Raum und Zeit für die verbleibenden

Tage, dieser Vision näher zu kommen. Das braucht nicht perfekt oder ganz detailliert zu sein, es genügt ein Anfang; es genügt, sich damit zu befassen, sich die wichtigen Fragen des Lebens zu stellen, weil schon das uns unserer ganz eigenen Herzensvision näher bringt. Wir werden euch dabei unterstützen und die richtigen Fragen immer wieder stellen."

Petra ist wirklich unglaublich motivierend. Noch immer macht es mich nervös, darüber nachzudenken, was ich will. Aber gerade deswegen brauche ich diese Übung unbedingt. Ich spüre bereits einen Wunsch an meine Zukunft, der schon lange in mir schwelt, aber den ich in den letzten Wochen nicht benennen wollte. Ich möchte unabhängig sein. Ich möchte wieder auf meinen eigenen Beinen stehen. Aber wie das jetzt konkret aussehen soll? Da habe ich keine Ahnung. Petras Stimme reißt mich aus meinen Überlegungen: „Wie würde euer ideales Leben in der Zukunft aussehen? Wie wäre dein Leben, wenn alles möglich wäre?"

Wow, was für eine Frage. Wie könnte meine Zukunft aussehen, wenn ich mich von diesem Wunsch unabhängig zu sein leiten lasse?

„Hier ist die nächste Übung im Detail. Fragt euch ganz ehrlich:

WER WILL ICH SEIN? WAS WILL ICH TUN?

Es ist gut und wichtig zu wissen, wer du nicht mehr sein willst. Doch viel wichtiger ist die Frage, wer willst du sein? Welche Werte und Charaktereigenschaften willst du leben? Was steht auf deinem Buch des Lebens? Wie fühlst du dich in deiner Zukunft? Wir wollen euch einladen, mal in Ruhe aufzuschreiben, wie ihr in eurer idealen Zukunft leben wollt. Was tut ihr? Wie verbringt ihr eure Tage? Was erfüllt euch? Es ist ganz wichtig, dass ihr dazu erkundet, wie es sich anfühlen würde, wenn ihr schon in eurer Vision angekommen wärt. Wie ist euer neues Ich? Stellt euch vor, ihr steht vor dem Regal der Zukunft, mit allen Möglichkeiten, die das Leben bereithalt. Ihr könnt einfach hineingreifen und etwas aussuchen."

Eine Frau meldet sich im Publikum und ihr wird ein Mikrofon gereicht. „Ich habe eine Frage zu dem Entwickeln unserer Vision. Du sagtest, es muss nicht konkret sein, es ginge, auch ein Gefühl oder eine Lebensweise anzustreben. Aber woher weiß ich denn, was ich erreichen will, wenn ich mir keine klaren Ziele setze?"

Petra nickt, „Vielen Dank für diese Frage! Da können wir direkt reingehen. Ziele und eure Vision sind nicht das gleiche. Die Vision ist das Lebensgefühl, das ihr euch wünscht. Ziele sind etwas, dass ihr auf dem Weg dahin erreicht. Sie können Meilensteine sein, aber auch Ablenkung. Doch es gibt einen Unterschied zwischen Zielen und einer Vision. Ziele sind erreichbar und quantifizierbar. Doch sicher hast auch du schon einmal erfahren, dass dich ein Ziel nicht immer nachhaltig glücklich macht. Ziele sind nicht schlecht. Doch frag dich, was dir das Ziel geben soll. Dann bist du auf dem Weg in deine Vision. Ihr alle seid in der Lage eine Zukunft zu wählen, in der ihr eure Komfortzone verlasst, glücklich und erfüllt seid und euren Träumen folgt. Oder aber ihr entscheidet euch dazu dortzubleiben, wo ihr jetzt seid. Mit all dem, was dazu gehört, der vermeintlich komfortablen Sicherheit, mit der ihr aber nicht zufrieden seid. Sonst wärt ihr ja nicht hier. Das Gewohnte fühlt sich oft sicher an, weil wir uns an unsere Unzufriedenheit, unseren Schmerz gewöhnt haben." Sie holt tief Luft und schaut in den Zuschauerraum. Ich könnte schwören, dass sie mir nicht nur in die Augen, sondern direkt hinter die Stirn blickt. Sie schaut ernst und ihre nächsten Worte sind eindringlich. „Euer Leben wird sich nicht verändern, nur weil ihr es träumt. Ihr könnt wünschen und hoffen und herbeisehnen, aber Ihr werdet dort nicht ankommen, ohne dafür auch etwas zu tun. Ihr dürft eure Träume aktiv verfolgen und eure Vision ist der Magnet, der euch ziehen kann. Wenn ihr ihn lasst!"

Es wäre ja auch zu einfach, wenn man sich seine perfekte Zukunft herbeiwünschen könnte. Wie sagte ein Coach am ersten Tag „Die Lösung ist einfach, aber nicht leicht." Ich hatte ja gehofft, es gäbe einen simplen 5-Punkte-Plan zum Abhaken, dem man nur folgen braucht. Es bleibt nicht aus, für seine Träume zu gehen und die notwendigen Schritte auch zu machen. Jetzt ist es auch für uns Zeit, ins Tun zu kommen. Wir verteilen uns in unterschiedlichen Bereichen des Anwesens. An manchen Tischen liegen Bastelpappe, Klebstoff und Zeitschriften aus. Für die Teilnehmenden, die sich eine Visionscollage basteln wollen. Andere Teilnehmende sitzen gemeinsam an den Café-Tischen oder auf der Wiese, um miteinander zu sprechen. Ich schaue rüber zu Elena. Wir haben es uns in der Nähe der Kaffeebar bequem gemacht und sie hat ihr

Notizbuch vor sich. Auf der aufgeschlagenen Seite hat sie sich ihre Vision bereits aufgeschrieben. Nein, nicht nur aufgeschrieben, sie hat Bilder und Sticker hinein geklebt, Dinge gezeichnet und große Schlagwörter in bunten Farben ausgemalt. Kein Wunder, dass sie ihr riesiges Schlampermäppchen immer dabei hat. „Ich habe meine Vision auch noch auf einem großen Blatt an meiner Schranktür!", flüstert sie mir zu, als sie mich dabei ertappt, wie ich auf ihre Visionscollage starre. Ich werde mir auch so eine machen.

∞

Etwas später sitzen wir gemeinsam draußen in der Sonne und genießen einen Teller mit Fettunta, geröstetem Brot mit Olivenöl und Knoblauch. Dazu haben wir uns je einen gemischten Salat bestellt, der aus frischem, lokal geerntetem Gemüse besteht. Die Tomaten sind so süß und reif, dass sie vor einer Stunde noch am Strauch gehangen haben müssen. Ich möchte dringend mehr Genuss in meiner Zukunft.

„Wie lange hast du gebraucht, um deine Vision so deutlich zu sehen?", frage ich Elena. Diese Frage brennt mir auf der Seele, seitdem ich ihre Visionsseite gesehen habe. „Oh, das war schon etwas aufwändiger. Wir haben bei meinem ersten Seminar eine Meditation gemacht, in der wir unsere Vision visualisieren sollten. Ich war damals noch mitten in meiner Scheidung und total am Boden zerstört. Ich wusste, ich wollte wieder eine Beziehung, aber ich wusste nicht, was ich genau darin suchte. Ich habe versucht, mir meine perfekte Frau zusammen zu träumen, die all meine Probleme löst. Es hat dann noch etwas gedauert, bis ich gelernt habe, dass ich diese Frau sein darf. Ich löse meine Probleme selber und warte nicht auf einen anderen Menschen, der das für mich übernimmt. Seitdem geht es mir besser. Ich richte mich täglich innerlich auf das Leben aus, das ich mir wünsche und bin offen, falls es jemand mit mir zusammen leben will. Aber ich verbiege mich nicht mehr für jemanden, nur weil ich Angst vor dem Alleinsein habe."

Sie holt ihr Notizbuch hervor, schlägt die Seiten mit ihrer Vision auf und zeigt auf ein Bild von einem weißen Sandstrand, blauem Meer und Palmen. „Ich habe immer gedacht, alleine in den Urlaub zu fahren ist etwas Trauriges. Weil man niemanden hat, der mit einem fährt. Inzwischen war ich mehrmals alleine an meinen Traumzielen und bin so glücklich damit. Es war die beste Entscheidung meines Lebens, auf meine eigenen Bedürfnisse zu hören und nicht nur die der anderen zu sehen."

„Das klingt unheimlich schön, Elena!"

„Danke. Ist es auch. Und du kommst da auch ganz sicher hin, meine Liebe! Da mache ich mir gar keine Sorgen drum.

Du musst halt nur wissen, wohin du willst." Sie nimmt einen Schluck Wasser und lässt ihren Blick über die Landschaft um uns herum schweifen. Elena holt mich zurück

ins Jetzt: „Hast du denn schon eine Idee von deiner Idee?"
„Nur diffus, noch nichts Konkretes. Ich weiß nicht, ob es okay ist, mir wieder einen Partner zu wünschen."
„Warum sollte das nicht okay sein?"
„Na ja, ich dachte, ich muss mich erst auf mich konzentrieren. So wie du."
„Du musst gar nichts. Das ist doch genau der Punkt! Mensch Anna, hier geht es doch um dich! Diese Vision ist für dich, keiner der Coaches wird dir hier eine schlechte Note geben, wenn du etwas ‚falsch' machst. Du kannst bei diesen Seminaren nicht durchfallen und Du bist nicht hier, um jemanden glücklich zu machen, außer dich selbst. Wenn dich eine Beziehung glücklich macht, dann stell dir deine ideale Partnerschaft vor! Träum von deinem idealen Leben und dann schreib es auf."
Ich nicke nur stumm. Es ist erschreckend, aber sie hat Recht. Ich denke wieder nur daran, die Erwartungen anderer Menschen zu erfüllen. Aber welche Erwartungen habe ich denn? An mich, mein Leben, meine Zukunft? Und haben die Anderen denn überhaupt diese Erwartungen an mich? Komme ich gerade überhaupt nur auf die Idee, an eine Partnerschaft zu denken, weil ich Ben so nett finde?
„Einiges zum Nachdenken, oder?" Elena scheint meine Gedanken lesen zu können. Ich lächle schief. „Es gibt so Momente, da wünsche ich mir, dass mir jemand einen Zettel in die Hand drückt mit einem ‚5-Punkte-Plan zum Glücklichsein'. Aber ich glaube, da kann ich lange warten.", spreche ich meinen vorherigen Gedanken aus.

„Hier bekommst du eher einen Plan, um zu lernen, wie du diese Punkte für dich selbst findest."

„Ja", ich seufze, „das ist sicher sinnvoller. Aber auch viel anstrengender."

Elena lacht auf. „Aber es lohnt sich! Ach Anna, es lohnt sich so sehr. Du lernst hier, wie du dich selber glücklich machst. Glaub mir, das ist jede Anstrengung wert."

Ich glaube ihr. Ich habe in den letzten Tagen schon so viel über mich gelernt, über meine Gefühle und darüber, wie ich meine Zukunft gestalten kann. Letztendlich bin ich genau da angekommen, wo ich hin musste. Auch wenn es über verrückte Umwege ging. Jetzt möchte ich nicht mehr auf verschlungenen Wegen vermeintlichen Zufällen hinterherrennen. Ich möchte ab jetzt selbst gestalten. Die Zeit des Wartens ist vorbei. Ich atme tief ein und stelle mir beim Ausatmen vor, all meine alten Glaubenssätze und selbst auferlegten Begrenzungen loszulassen, hinauszupusten. Weg von mir. Ich weiß, wohin ich jetzt als Erstes gehen möchte.

„Ich muss kurz jemanden finden. Wir sehen uns gleich zur Bastelstunde?"

„Na klar. Ich genieße noch etwas die Sonne."

Ich gehe in den Hof, wo die meisten Teilnehmenden

nach dem Mittagessen noch etwas spazieren und die italienische Sonne genießen. Es dauert nicht lange, bis ich Carl finde. Sein quietschbuntes Hawaiihemd ist auch heute kaum zu übersehen. Ich gehe direkt auf ihn zu und nehme ihn in den Arm. Ich falle ihm einfach um den Hals. „Oh hui! Hey Anna, womit habe ich das verdient?".

„Danke! Danke, dass du mich gefunden hast, dass du mich mitgenommen hast, und danke für den ersten großen Denkanstoß in diesem Urlaub. Ohne dich wäre ich heute nicht hier und ohne dich würde ich mich noch immer fragen, wie ich alle Menschen um mich herum glücklich machen kann, anstatt mich zu fragen, wie ich mich glücklich mache." Ich spüre, wie er seine Arme um mich legt und meine Umarmung erwidert. „Gern geschehen, Anna!" Als ich mich von ihm löse, habe ich ein paar Tränen in den Augen.

„Hier passieren krasse Sachen, oder?", er grinst mich an und seine grünen Augen blitzen. „Ja! Ja, allerdings. Es sind jetzt schon krasse Sachen passiert und ich bin gespannt auf die nächsten zwei Tage."

Er klopft mir auf die Schulter und ich schlendere zurück über den Hof zu der Seitentür, die in den Seminarraum führt. Meine Erschöpfung ist verflogen, ich fühle mich regelrecht aufgepeitscht, voller Energie und bereit meinen Platz in der Welt zu finden.

∞

Als ich Elena wiederfinde, sitzt sie bereits mit anderen Teilnehmenden an einigen zusammengeschobenen Tischen aus dem Speisesaal. Nach den Erfahrungen der letzten Tage bin ich enorm motiviert, meine Vision zu finden. Oder wenigstens, mich ihr anzunähern. Wir sitzen wie in der Schule an einem großen Gruppentisch. In der Mitte liegen Papier, einige Magazine und verschiedene Bastelmaterialien. Ein Coach, auf dessen Namensschild „Andreas" steht, schaut vorbei, um uns zu unterstützen. „Na, wie läuft's bei euch?"

„Solange wir für unsere Bastelergebnisse nicht benotet werden, läuft es ausgezeichnet!", scherzt ein „Dennis" neben mir. Er ist ein regelrechter Hüne und sieht aus, als würde er seine gesamte Freizeit im Fitnessstudio verbringen. Ich liebe die Tatsache, dass alle Teilnehmenden dieses Seminars so unheimlich verschieden sind! Würde mich jemand nach dem Durchschnittstypus hier fragen, könnte ich keine klare Antwort geben. Außer „Menschen, die bereit sind, ihr Leben heute auf den Kopf zu stellen, damit es ihnen morgen besser geht!"

„Und du Anna? Hilft dir der visuelle Ansatz, um deine Vision klarer zu spüren?"

„Ich bin mir noch nicht sicher. Ich habe hier die Bilder von tollen Urlaubszielen und Dingen, aber das spricht mich noch nicht wirklich an."

„Ja, diese Bilder sollen auch eher ein Gefühl unterstützen. Es geht hier ja nicht darum, sich eine Privatinsel zu wünschen."

„Ein Gefühl habe ich. Sogar zwei. Ich möchte selbstbestimmt sein, unabhängig und ich möchte genießen. Das habe ich in den letzten Tagen ganz klar erspürt. Aber ich finde noch nichts, das dieses Gefühl für mich wirklich als Bild ausdrückt."

Andreas nickt und kaut auf seiner Unterlippe. Er scheint angestrengt nachzudenken, wie er mir helfen kann, meine Vision zu fühlen und zu sehen. „Weißt du, wenn wir unseren Blick auf die rechte Seite der liegenden Acht, die Zukunft richten, haben häufig Teilnehmende eine besondere Herausforderung, die noch sehr in der Vergangenheit verortet sind. Wir bieten später noch eine Meditation an, um deine Vision zu finden, vielleicht hilft dir das. Bis dahin, setz dich nicht unter Druck! Mach das Bild einfach größer. Selbstbestimmung und Unabhängigkeit sind doch schon tolle Eigenschaften. Wofür möchtest du noch stehen? Denk auch an die unterschiedlichen Lebensbereiche und überleg dir, wie du dich dort fühlen willst."

Wahrscheinlich verrät mich wieder mein Gesichtsausdruck, denn Andreas lächelt mich milde an und legt mir seine Hand auf die Schulter. „Das Leben reagiert nicht darauf, was du dir wünschst, sondern auf das, was du bist. Du kannst nicht erwarten, dass dir das Leben Neues schenkt, wenn du so bleibst, wie du bist. Du darfst dich verändern, wenn du ein neues Ergebnis erfahren möchtest. Also geht der erste Schritt nach innen, denn dort dürfen wir hinschauen, um zu verstehen, was du unterbewusst auf die Bühne des Lebens ausstrahlst. Vielleicht ist dein erster Schritt zu deiner Vision keine Collage, sondern ein Spaziergang, bei dem du dich auf die Gefühle konzentrierst, die du in deiner Zukunft fühlen möchtest.

Du kannst auch gerne mit mir oder einem anderen Coach in ein Einzelgespräch gehen."

„Das ist lieb. Darauf komme ich später zurück. Vielleicht versuche ich es erstmal mit einem Spaziergang."

Ein bisschen enttäuscht von mir verlasse ich unsere Bastelecke und schlendere durch den Innenhof des Anwesens. Ich überlege gerade, zum Meditationsraum zu gehen, nachdem ich das letzte Mal dort so eine tolle Erfahrung hatte. Da sehe ich Ben auf der anderen Seite des Hofes auf einer Bank. Ohne lang darüber nachzudenken, gehe ich zu ihm. „Hey, auch keine Lust, eine Visionscollage zu basteln?", frage ich ihn.

Er grinst mich wieder so umwerfend an. „Ich bin Visionscollagenbastelexperte! Aber ich bin auch gerade an dem Punkt, an dem ich merke, dass meine bisherige Vision mich nicht mehr zieht. Deswegen möchte ich sie überdenken und mich vielleicht ganz neu ausrichten."

„Oh, entschuldige, ich hoffe, ich störe dich nicht!"

„Warum entschuldigst du dich dafür, mit mir zu reden? Wenn ich da gerade keine Lust oder Zeit für habe, ist es meine Verantwortung, dir das zu sagen, oder?"

Na toll, jetzt fühle ich mich ertappt und genervt von mir selbst. Aber bevor ich wieder in eine ‚Ich bin so doof' Tirade verfalle, stoppe ich mich und schalte um. Entdecken, anhalten, umschalten! Das hatte einer der Coaches auf der Bühne gesagt. Ich darf milder mit mir sein. Dieses Verhalten gehört zur alten Anna, heute darf ich das erkennen und dann loslassen.

„Du hast Recht", lächle ich ihn also an, „das ist mein Thema. Ich hab manchmal noch Angst, zu viel zu sein, zu nerven und befürchte, dass man nicht ehrlich zu mir ist. Ich bin dann so bei den Anderen und bin gar nicht bei mir und fühle gar nicht mehr, was ich möchte. Du bist aber ja ehrlich zu mir und das erleichtert es mir sehr – und am Verhalten der alten Anna darf ich einfach liebevoll arbeiten. Also", ich setze mich neben ihn auf die Bank, „Da du mich nicht weggeschickt hast, gehe ich davon aus, dass dich meine Anwesenheit nicht stört."

„Ganz und gar nicht. Im Gegenteil. Vielleicht ist eine aufmerksame Gesprächspartnerin genau das, was ich jetzt brauche! Hast du Lust, mit mir ein wenig durch den Weinberg zu wandern?"

„Dürfen wir denn das Gelände einfach so verlassen?"

„Dir ist schon klar, dass wir hier keine Gefangenen sind, oder?" Wieder dieses Lächeln. Um ehrlich zu sein, kann ich mir nichts Schöneres vorstellen, als mit Ben durch die toskanische Landschaft zu wandern, aber noch immer hält mich etwas zurück.

„Du musst natürlich nicht, es war nur ein Angebot!", versucht Ben mich zu beruhigen, als er mein Zögern spürt.

„Ich möchte sehr gerne, aber in meinem Kopf laufen einfach gerade alte Programme ab, mit denen ich noch nicht wirklich umgehen kann. Es ist so ein blöder Anspruch an mich selbst, eine gute Schülerin oder eben Seminarteilnehmerin zu sein, alles mitzumachen, überall Einser zu haben. Ich weiß, das ist bescheuert, aber ich bin da noch nicht ganz raus."

Ben legt seine Hand auf meine und, obwohl ich mich einerseits dagegen wehren möchte, flippt gerade ein ganzer Schwarm Schmetterlinge in meinem Bauch vollkommen aus. Cool bleiben, sage ich mir selber. Wir gehen nur spazieren.

„Das ist nicht bescheuert. Das ist einfach eine Art, auf der sich deine Glaubenssätze noch immer zeigen. Die verschwinden nicht sofort über Nacht. Das braucht ganz viel Verständnis mit dir selbst und Zeit. Also, kommst du mit?"

„Ja! Ich komme sehr gerne mit."

Ben strahlt mich an, mit seinen braunen Augen, die, wie ich jetzt hier in der Sonne erkennen kann, bernsteinfarbene Flecken haben. Seine Wimpern sind lang und seidig, eine Strähne seiner braunen Haare fällt ihm über die Stirn. Er lächelt mich an. Er hat eine kleine Lücke zwischen den Vorderzähnen und die Schmetterlinge in meinem Bauch tanzen inzwischen Pogo.

∞

Zu meinem Glück ist Ben offensichtlich kein ambitionierter Sportwanderer. Wir schlendern gemütlich durch den Weinberg, vermeiden große Steigungen und genießen die Aussicht, die wir von hier bereits haben. Es ist nicht zu heiß heute, ein erfrischender Wind weht uns um die Nase. Ich schließe kurz die Augen, um diesen Moment wirklich aufzusaugen. Ein Moment vollkommener Ruhe. Alles ist gut und genau richtig, so wie es ist.

Als ich meine Augen wieder öffne, sehe ich Bens lächelndes Gesicht vor mir. Es ist ganz nah, ich kann sein Shampoo riechen. „Geht es dir gut?"

„Ja, mir geht es gerade so gut, wie schon lange nicht mehr."

„Das freut mich! Ich brauche manchmal meine Pausen bei so langen Seminarphasen. Für mich ist es wichtig, immer wieder innezuhalten und durchzuatmen."

„Ja, das verstehe ich. Aber hast du nicht Angst, etwas zu verpassen?"

„Hast du gerade Angst, etwas zu verpassen?"

Ich überlege kurz. „Nein. Jetzt gerade fühlt es so an als wäre ich genau da, wo ich sein soll." Ben schaut mich an, wieder mit diesem warmen Blick in seinen braunen Augen mit den Bernsteinflecken. Mein Herz klopft. Schmetterlingsparty.

„Also, welche Bereiche deiner Vision brauchen denn Überarbeitung?", lenke ich das Gespräch auf unser Seminarthema. „Ich bin übrigens eine ganz besonders aufmerksame Gesprächspartnerin. Das ist quasi meine Superkraft!"

„Das habe ich mir doch gleich gedacht. Seit dem ersten Tag, als ich dich gesehen habe, dachte ich mir, dass du sicherlich eine großartige Gesprächspartnerin bist." Er lacht, ich auch. Meine Knie sind ein bisschen weich. „Also, in meiner bisherigen Vision ging es mir immer viel darum, dass ich etwas bestimmtes erreichen wollte. Aber das war nicht authentisch. Das war nur von äußeren Quellen beeinflusst. Etwas, das uns von Werbung und anderen eher unzuverlässigen Quellen als wünschenswert verkauft wird. Ich habe mich in den Wochen vor dem Seminar ganz viel mit meinen Werten beschäftigt und festgestellt, dass meine bisherige Vision gar nicht mit meinen Werten übereinstimmt."

„Was war denn deine Vision bisher?"

„Ach das Übliche. Erfolg, Anerkennung, eine perfekte Freundin. Aber das war nicht echt. Hat leider ne Weile gedauert, bis ich das realisiert habe!"

Ich möchte ihn einerseits fragen, ob eine Freundin nicht doch zu seinen Werten passen könnte, aber ich spüre, dass jetzt nicht der Zeitpunkt für semi-ernste Witze ist. Also antworte ich ihm aufrichtig. „Ich habe noch gar keine Ahnung, wie ich zu meiner tatsächlichen Vision kommen kann. Aber sie an meinen Werten auszurichten, klingt wie ein kluger Plan. Vielleicht hilft es uns beiden, wenn wir das zusammen machen."

„Danke Anna, siehste, es war eine richtig gute Idee, auf diese Wanderung zu gehen. Hast du hier in dem Seminar schon von dem Wertesieb gehört?"

„Nicht, dass ich mich erinnern kann."

„Oh, das ist ne total coole Methode, deine Vision zu erkennen und deine Taten darauf auszurichten. Deine Werte sind der Kern deiner Vision. Die große Frage: Wofür stehst du? Diese Frage kannst du dir in jedem Lebensbereich stellen – im Beruf, in der Liebe, im Umgang mit Geld. Überall sind deine Überzeugungen wichtig. Diese Werte legen sich übereinander und sind wie ein Sieb. Darin bleiben dann nur noch die Dinge hängen, die wirklich zu dir passen."

„Okay, ich bin noch nicht ganz sicher, ob ich das verstehe."

„Ein Beispiel, für mich sind Freiheit und Mitgefühl zwei total wichtige Werte. Mir ist es wichtig, meine individuelle Freiheit zu leben, ohne dabei die Bedürfnisse anderer Menschen zu ignorieren oder zu verletzen. Für manche Menschen klingen diese Werte gegensätzlich, aber ich finde, beides gehört zusammen. Wenn ich eine Entscheidung treffe, die meine persönliche Freiheit unterstützen würde, aber anderen Menschen schadet, dann werde ich versuchen, das anders zu machen. So bin ich eben auch dazu gekommen, meine Vision zu überprüfen. Sie passte nicht zu meinen Werten."

„Ah okay. Das klingt doch ganz einleuchtend. Dann habe ich zwar noch keine klare Vision, aber eine Entscheidungshilfe."

Ben und ich schlendern weiter durch den Weinberg, bis wir zu einem kleinen Wald aus Pinien kommen und sprechen weiter über Werte, toskanisches Essen, unser Leben zuhause. Einfach über alles. Er ist IT-Fachmann, der sich schnell in seinen Jobs langweilt, liebt Hunde und sein wichtigster Wert war für ihn immer Freiheit. Inzwischen fühlt er sich aber oft einsam, sagt er. Loyalität ist einer meiner Werte, stelle ich fest. Außerdem liebevoller Umgang mit mir und anderen, meine Bedürfnisse sehen, authentisch leben, Nachhaltigkeit und hochwertiger Genuss. Gute Werte, finden Ben und ich. Wir sind uns auch einig, dass Labradore die schönsten Hunde sind, und die Tortelli Maremmani vom ersten Abend das Beste, was wir je gegessen haben. Übereinstimmung in den wichtigsten Punkten! Im Wald finden wir eine moosige Stelle, auf der Ben seinen Hoodie, den er um die Hüfte gebunden hatte, ausbreitet, damit wir uns darauf setzen können.

„Jetzt fehlt nur noch ein kleines Picknick!", stelle ich fest.

„Außer meiner Wasserflasche kann ich dir leider nichts anbieten. Obwohl …", er kramt in seiner Hosentasche, „hier." Er reicht mir ein Pfefferminzbonbon. „Ich weiß aber nicht, wie lange das schon darin war."

„Danke! Ich denke, ein wochen-altes Pfefferminz aus den Untiefen deiner Taschen qualifiziert sich eindeutig als ‚hochwertiger Genuss'!", lächle ich ihn an.

„Sehr gut, du wendest deinen Wertesieb direkt an."

Wir sitzen im Schatten der Pinien nebeneinander auf seinem Hoodie. So nah, dass ich seine Wärme spüren kann. Als sein Arm meinen streift, spüre ich ein Kribbeln, das durch meinen ganzen Körper wandert. In diesem Moment kann ich förmlich eine heftige Diskussion zwischen meiner Kopf- und meiner Herzstimme hören.

Wir sind aber nicht hier, um einen Mann kennenzulernen. Wir müssen uns auf uns konzentrieren! Eindeutig mein Kopf.

Unser Bedürfnis ist auch Nähe. Dieser Moment ist so schön. Flüstert mein Herz.

Was, wenn auch er nur wieder einer dieser Männer ist, die uns verletzen?

Aber was, wenn nicht?

„Alles okay, du wirkst so abwesend?" Ben schaut mich prüfend an.

„Ja. Es ist alles okay. Ich nehme nur gerade alles um mich herum auf. Ich möchte noch ganz lange von dieser Erfahrung hier zehren."

„Das kann ich gut verstehen."

Ich weiß nicht, wie lange wir noch hier nebeneinander sitzen, aber die Sonne ist schon ein ganzes Stück über den Himmel gewandert, bis wir uns auf den Weg zurück machen. Als wir wieder auf dem Innenhof des Anwesens angekommen sind, bleibt er stehen.

„Also, ähm ... danke für den schönen Nachmittag und das Gespräch. Ich glaube, ich weiß jetzt, wie ich meine Vision neu finden kann. Ich hoffe, es war auch für dich gut?"

Mein Herz klopft in meiner Brust und mehr als alles andere wünsche ich mir gerade, ihn zu küssen. Aber der Moment verstreicht, er lächelt schief, ich nicke und er verabschiedet sich bis zum Abendessen. Mit einer Mischung aus Erleichterung und Enttäuschung gehe ich alleine zurück in mein Zimmer, um zu duschen und mir etwas anzuziehen, an dem keine Piniennadeln hängen. Meine Vision hat auf jeden Fall eine ganz deutliche Ergänzung erhalten. Ich wünsche mir Liebe in meiner Zukunft. Am besten in einer nicht allzu weit entfernten.

∞

„Na? Wie war denn dein Nachmittag?", Elenas Frage könnte ganz harmlos klingen, wenn sie dabei nicht ein Grinsen im Gesicht hätte, das aussieht, als hätte sie einen Kleiderbügel verschluckt. „Hast du an deiner Vision gearbeitet?"

„Ja, das habe ich."

„Allein?"

„Nein. In Begleitung." Ich kann mir mein Grinsen auch nicht verkneifen. Ich fühle mich wie ein verknallter Teenager. Obwohl ich Ben nicht geküsst habe und nicht weiß, ob ich ihn jemals küssen werde, hat mir dieser Nachmittag doch gezeigt, dass ich mich wieder verlieben und Liebe in meinem Leben haben möchte. Dafür bin ich dankbar.

„Also, du Grinsekatze, wie war dein Nachmittag?", frage ich Elena.

„Vielleicht nicht so aufregend wie deiner, aber sehr erfolgreich. Ich zeige dir nachher meine neue Collage, ja?"

„Auf jeden Fall! Ich bin sehr gespannt." Obwohl ich Elena erst seit drei Tagen kenne, habe ich das Gefühl, von ihr wirklich verstanden zu werden. In diesem Moment trifft mich die Erkenntnis, dass morgen schon unser vorletzter Tag ist und treibt mir Tränen in die Augen.

„Hey, was ist denn jetzt los?", sie bemerkt meinen Stimmungswechsel sofort. Diese liebevolle Aufmerksamkeit macht mich noch trauriger.

„Ich habe gerade daran gedacht, dass wir übermorgen schon wieder abfahren und ich dann nicht mehr jeden Abend mit dir hier auf der Terrasse essen kann."

„Ach Anna", sie klingt gerührt und nimmt mich fest in den Arm. „Ich bin nicht aus der Welt. Wir können abends beim Essen videotelefonieren, wenn du magst! Bei diesen Seminaren entstehen Freundschaften und Beziehungen in einer ganz besonderen Qualität, Entfernung ist da gar kein Hindernis!"

Ich lehne dankbar meinen Kopf an ihre Schulter. Tatsächlich kann ich mir nicht mehr vorstellen, sie oder Carl für immer aus meinem Leben zu streichen. Oder Ben. Da klingelt etwas, das sie mir gerade gesagt hat, in den Ohren und ich löse mich aus ihrer Umarmung.

„Entstehen denn oft Beziehungen bei solchen Seminaren?"

Sie lacht. „Oh meine Liebe, unser Ben hat es dir ordentlich angetan, oder? Er ist schließlich auch ein ganz lieber Kerl, zwar nicht mein Typ, aber doch nett anzusehen."

„Was ist denn dein Typ?"

„Na, kein Typ."

Ich schlage mir mit der Hand vor die Stirn. „Ah ja. Offensichtlich nicht." Nein, ich möchte mir ein Leben ohne Elenas Freundschaft nicht mehr vorstellen. Sie hat mich jetzt an der Backe!

„Kommst du heute Abend noch mit auf die Terrasse? Das ist der letzte Abend, den wir etwas ausgelassener miteinander verbringen können. Übermorgen haben die meisten wieder lange Fahrten vor sich."

„Ja, heute Abend bin ich dabei! Als keine Abschlussfeier!"

TAG 4 – ZIELE, GEFÜHLE
UND ROSA ELEFANTEN

Ich hatte schon befürchtet, der gestrige Abend könnte heute Auswirkungen auf mein Wohlbefinden haben. Obwohl ich immer darauf geachtet habe, ausreichend Wasser zu dem ausgezeichneten, gekühlten Weißwein zu trinken. Aber als ich heute Morgen aufwache fühle ich mich so gut und ausgeruht, wie schon lange nicht mehr! Der gestrige Abend war einfach so schön. Wir haben Telefonnummern und Adressen ausgetauscht, wie Kinder im Ferienlager. Elena wohnt tatsächlich nur zwei Stunden Zugfahrt von mir entfernt! Wir waren sehr erleichtert, als wir das festgestellt haben. Auch Bens Telefonnummer habe ich jetzt, was mich unheimlich glücklich macht. Leider trennen uns fast sechs Stunden Fahrt. Alle noch so träumerischen Gedanken an eine Nachseminarromanze flüchten gerade aus meinem Kopf.

Aber ich versuche, mich davon nicht entmutigen zu lassen und schwinge mich für mein vorletztes Frühstück hier aus dem Bett. Vielleicht gönne ich mir heute Morgen zu meinem Kaffee und Cornetto noch etwas Obst? Als Bea von ihrem Morgenlauf zurückkommt, schaut sie ganz erstaunt, mich so wach und fit zu sehen. Ich bin sogar schon fast auf dem Weg in den Speisesaal. Dort angekommen höre ich Elenas Lachen, bevor ich sie sehe. Oh Mann, das werde ich vermissen!

„Hey Liebes, da biste ja! Komm her, Christian hat gerade erzählt, wie er seiner 13-jährigen Tochter vorgeschlagen hat, ihre Stimmungsschwankungen durch Meditation in den Griff zu bekommen." Sie wird durch einen Lachanfall geschüttelt. „Ich dachte damals, das wäre eine gute Idee!", wehrt Christian sich, offensichtlich ebenso amüsiert. „Was dachte deine Tochter?", frage ich.

„Sie war anderer Meinung." Wieder lachen alle. Aber nicht über ihn, sondern mit ihm zusammen. „Es war tatsächlich weniger der Vorschlag zu meditieren, das macht sie gerne. Sie war eher entrüstet, dass ich behaupte, sie hätte Stimmungsschwankungen."

„Es ist auch eine Frechheit, das einer 13-Jährigen zu unterstellen!", sagt Elena mit gespielter Entrüstung. Das Frühstück verläuft ähnlich fröhlich und ich befürchte, später Muskelkater vom vielen Lachen zu haben. Ich kann mir kaum einen besseren Grund für Muskelkater vorstellen.

∞

Im Seminarraum warten wieder die Stuhlreihen auf uns und da wir uns inzwischen sowieso alle mehr oder weniger kennen, setze ich mich neben Elena und Christian. Ben habe ich bisher noch gar nicht entdeckt, stelle ich enttäuscht fest. Doch bevor ich diesen Gedanken nachhängen kann, leuchtet wieder die liegende Acht auf der großen Leinwand auf. In ihr fließt der goldene Strom vom Knotenpunkt in der Mitte nach unten links, dann noch oben und zurück durch die Mitte nach rechts unten, durch die Kurve nach oben und so schließt sich der endlose Strom. Die Coaches treten auf die Bühne und Andreas, den ich gestern kennenlernte, tritt nach der gemeinsamen Begrüßung nach vorn.

„Guten Morgen! Wow, heute ist schon Tag vier! Unglaublich, unsere gemeinsame Zeit ist fast vorüber! Deswegen
sprechen wir heute auch über ein ganz wichtiges Thema!
Wir schauen uns in diesen Seminaren immer wieder gemeinsam eure Vergangenheit an, um das Jetzt positiv erleben zu können und dadurch mehr Energie für deine
Zukunft in dir zu entwickeln. Dabei dürfen wir aber auch
immer wieder darauf achten, unser Jetzt, diese Momente
so zu genießen, wie sie sind. Unser Leben ist eine Reihe
von Momenten, die wir erleben. Wir dürfen die Schönen
genießen, ohne uns zu fragen, ob sie anders noch besser
wären."

„Da kommt natürlich auch das Thema Perfektionismus
wieder mit rein", ergänzt Lina, die neben ihm steht. „Die
Frage, wie man solche Momente besser machen könnte,
nimmt euch natürlich etwas von der Schönheit des Mo-
mentes weg."

„Ja, ein sehr guter Punkt! Wenn ihr eure perfekte Zukunft
visioniert, solltet ihr also nicht vergessen, dass ihr eine
Gegenwart habt. Und je mehr wir unser Jetzt so leben, als
wäre die Zukunft schon da, umso mehr strahlen wir eine
Energiewolke ins Universum, die sagt, es ist schon da! "
Ich denke an meinen ersten Abend auf der Terrasse, als ich
mit Elena den Sonnenuntergang ansah. Anstatt ihn ein-
fach zu genießen, ruinierte ich mir diesen wunderschönen
Augenblick fast, weil ich mich darüber ärgerte, frühere
Sonnenuntergänge nicht auch genossen zu haben.

„Macht euch also gerne immer wieder bewusst, dass ihr
den Moment jetzt in eurem neuen Ich genießen dürft. Er

gehört euch. Aber", Lina hält ihren ausgestreckten Zeige-
finger nach oben, „denkt daran, euch nicht unter Druck zu
setzen. Jeden Moment bewusst wahrzunehmen und zu
genießen, ist für die allermeisten Menschen eine lebens-
lange Aufgabe, die täglich geübt werden darf. Ich glaube,
es gelingt niemandem dauerhaft, permanent und auch immer so intensiv. Das ist etwas, das wir immer wieder einfach zulassen dürfen und es braucht Hingabe."

„Wichtig ist, dass ihr es bemerkt, wenn euer Kopf euch
aus dem Moment wegholen möchte. Das ist ein ganz
wichtiger erster Schritt. Dann dürft ihr euch an das einfache Motto erinnern: Erkennen, anhalten und umschalten. Ihr könnt wunderbar üben, eure Zweifel loszulassen
und einfach das annehmen, was das Leben euch in diesem Moment schenkt", ergänzt Andreas.

„So, das war uns nochmal ganz wichtig zu erwähnen. Ver-
gesst bei allem Blick auf eure Vergangenheit und eure Zukunft eure Gegenwart nicht!"

Wie der Rest des Saals applaudiere auch ich bei Linas
letzten Worten. Mir ist in den letzten Tagen immer wieder bewusst geworden, wie wenig ich in den letzten Jahren meine schönen Momente genoss. Stattdessen habe
ich mir Sorgen gemacht oder versucht, jeden Augenblick
zu optimieren.

„So, aber jetzt wollen wir, nachdem ihr gestern schon
ganz individuell auf der Suche nach euren Visionen wart,
euch heute nochmal eine geführte Hilfestellung geben.
Nicht nur, um eure Vision zu finden, sondern sie auch zu
vertiefen. So Lina, die Bühne gehört dir!"

„Danke Andreas! Also, ihr Lieben, sprechen wir über das erfolgreiche Manifestieren oder Visionieren. Häufig denken Menschen da zunächst ‚Ich muss nur positiv denken, dann kommt schon alles von allein'. So einfach ist es aber natürlich nicht. Manifestieren ist komplexer. Zunächst müssen wir eine Richtung festlegen. Ganz so, als müssten wir unsere Reise an einem Kompass ausrichten. In welche Richtung soll es gehen? Viele von euch wissen, was sie nicht mehr wollen und das ist wichtig, viel wichtiger ist aber, zu wissen, was man will. Unser Gehirn versteht Verneinungen nicht. Ihr kennt das berühmte Beispiel ‚denk nicht an rosa Elefanten'! An was denkt ihr sofort?"

„Rosa Elefanten", schallt es ihr aus dem Saal entgegen.

„Ganz genau. Anstatt also darüber nachzudenken, was ihr nicht mehr wollt, laden wir euch dazu ein, lieber klar zu formulieren, was ihr wollt. Wie soll euer Leben aussehen? All die Fragen haben wir euch gestern schon gestellt und viele von euch konnten diese Fragen auch schon gut beantworten. Aber lasst uns da nochmal tiefer hinein. Der erste Schritt ist zunächst mal den Lebensbereich zu identifizieren, bei dem du dir aktuell am meisten Veränderung wünschst. Wünschst du dir eine erfüllte Partnerschaft, mehr Fülle, einen neuen Job? Wenn du den Bereich gefunden hast, kommen wir dem Ganzen schon näher. Dann ist es superwichtig, dir diese Fragen zu stellen. Wir glauben oft, beim Manifestieren geht es um höher, schneller, weiter. Aber wir sprechen hier nicht über Ziele, wie mehr Geld oder Macht, wir schauen mit euch gemeinsam noch viel tiefer. Es gibt zahlreiche Menschen, die viel Geld haben und trotzdem unglücklich sind. Geld ist etwas tolles und wir lieben es, in der Fülle zu sein, wir dürfen nur schauen, wie wir uns schon jetzt so fühlen können, wie wir es mit Geld tun würden." Viel Geld war für mich schon immer ein naiver Wunsch. Wozu denn das Tauschmittel herbeiwünschen, wenn ich gar nicht weiß, wofür ich es einsetzen will. Natürlich wünsche ich mir viel Geld, um mich sicher zu fühlen, aber nicht nur um des Geldes Willen.

„Deswegen wollen wir jetzt gemeinsam, jeder für seinen individuellen Lebensbereich, ein paar Fragen durchgehen. Lasst uns hier ruhig weiter das Thema Geld nehmen, weil es sich so gut anwenden lässt, aber jeder von euch kann diese Fragen für seinen ganz eigenen Bereich beantworten. Was wir euch jetzt anbieten wollen, lässt sich auf alle Lebensbereiche anwenden. Schaut mal, was ihr euch dort wünscht."

Mir ist klar, dass ich diese Fragen auf Partnerschaft und Beziehung anwenden möchte, noch bevor ich mich bewusst dazu entscheiden kann. Selbst wenn Ben kein potenzieller Partner ist, die Entfernung ist einfach zu krass, hat er doch den Wunsch in mir geweckt, wieder eine Beziehung einzugehen. Trotz dieser vernünftigen Überlegung spüre ich einen Stich im Herzen. „Eine ganz wichtige Frage, die ihr euch stellen könnt, ist: Wie möchtest du dich fühlen? In dieser neuen Partnerschaft, mit Summe XY auf dem Konto, mit dem neuen Job. Welches Gefühl soll das in dir auslösen?"

Ich notiere mir diese Frage auf meinem Block. Meine ersten Antworten sind ganz klar: Ich möchte jemanden, mit dem ich mein Leben und meine Gedanken teilen kann. Jemanden, auf den ich mich verlassen kann. Der loyal zu mir ist und ich zu ihm. Eine zynische Stimme aus den Untiefen meines Kopfes kommentiert diese Überlegung sofort. Da solltest du dir vielleicht besser einen Hund zulegen als einen Mann!

Eines Tages werde ich einen Weg finden, diese Stimme abzuschalten.

„Die nächsten Fragen, die ihr euch alle für eure Lebensbereiche stellen dürft sind: Was soll mir das geben? Warum wünsche ich mir das überhaupt? Beim Thema Geld könntest du darauf kommen, dass viel Geld dir ein Freiheitsgefühl bescheren könnte. Das Gefühl machen und tun zu können, was du willst. Die Freiheit selbst zu entscheiden. Das könnte der tiefere Beweggrund dahinter sein. Es könnte aber auch Sicherheit sein"

Was soll mir eine liebevolle Beziehung mit einem loyalen Partner geben? Gute Frage. Ich wäre nicht mehr einsam, wenn ich schwach bin, habe ich jemanden, der mich stützt. Aber auch ich kann für jemanden da sein, mich kümmern. Warum wünsche ich mir das? Weil ich manchmal schwach sein möchte. Ich möchte mich anlehnen können. Ich bin erschöpft. Ich wünsche mir jemanden, der mich hält.

„Jetzt sind wir auch schon sehr im Gefühl angekommen, das du haben wirst, wenn du an deinem Ziel angekommen bist. Freiheit, Unabhängigkeit, losgelöst sein, entspannt sein. Wenn du diese Gefühle für dich erkannt hast, frag dich wieder: Warum wünschst du dir das? Dann gehen wir immer tiefer rein in deine Gefühlswelt. Wenn du am Ende dann ankommst bei dem Wunsch, dich voll zu fühlen, entspannt zu sein, dann ist es gar nicht mehr allein wichtig, wie viel Geld du in Zahlen auf deinem Konto hast. Dann richtest du dich auf einen Gefühlszustand aus. Letztendlich sind es genau diese Gefühlszustände, die wir genießen. Nicht die Sache an sich. Also fragt euch, was soll euch das Geld, der neue Job, der Partner geben? Und wenn ihr die Antwort darauf habt, geht tiefer. Was soll euch denn das geben? Dann steigt ihr tiefer und tiefer ein in eure Gefühlswelt, in eure Wertewelt und eure Ziele werden mehr und mehr zu eurer Vision. Die wird euch dann auch ein Leben lang begleiten. Eine Vision ist nicht so flüchtig wie ein Ziel, dass ich erreiche und es nach 2 Wochen normal geworden ist."

Wow, für diese Fragen muss ich mir ganz viel Zeit und Ruhe nehmen, wenn ich wieder zuhause bin. Ich kann es kaum erwarten, Oma und Tante Inge wiederzusehen. Ich möchte ihnen von all dem hier erzählen.

„Habt ihr euch die Fragen alle aufgeschrieben? Super! Dann also weiter. Jetzt kommen wir zu einem ganz wesentlichen Faktor, irgendetwas in dir scheint bisher gegen dein Ziel, deine Vision zu sein. Denn ansonsten hättest du bestimmt schon, was du dir wünschst. Wir haben manchmal Widersacher in unserem Leben und die sind nicht, wie man es so gerne annehmen mag, im Außen. Sie sind in uns. Wie eine Art Erfolgsverhinderer. Wo kommen die her? Wir werden euch jetzt mitnehmen auf eine kleine Reise in euer Inneres, denn ihr alle habt sehr viel Schaffenskraft in euch. Alles, was gerade in deinem Leben ist, hast du auch mit erschaffen. Das ist doch eine fantastische Nachricht! Du bist kein Opfer, du kannst aktiv gestalten. Unbewusst bisher, aber jetzt gehen wir den Schritt, ein bewusster Erschaffer zu werden. Wir wollen dich jetzt dazu einladen zu entdecken, welche Erfolgsverhinderer da noch in dir stecken, die dich davon abhalten dein Ziel zu erreichen. Da sind vielleicht wieder eure negativen Glaubenssätze, die euch zurückhalten. Wenn ein Teil von dir sich mehr Geld wünscht, aber ein größerer Teil von dir noch immer glaubt ... was sind denn so klassische, negative Glaubenssätze über Geld?"

„Geld verdirbt den Charakter!", ruft jemand.

„Oh ja, der ist natürlich ganz besonders doof. Kennt ihr noch einen?"

„Wer viel Geld hat, kann es nicht ehrlich verdient haben!", ruft der Nächste.

„Auch besonders schlimm. Es gibt so viele, wir könnten wahrscheinlich den ganzen Tag sammeln. Wenn ihr diese Sätze in eurem Hinterkopf habt, dann könnt ihr euer Ziel, finanziell sicher und unabhängig zu sein, gar nicht erreichen. Wie soll denn das gehen?!"

Ich habe ein bisschen Angst davor, welche negativen Glaubenssätze ich wohl finde, wenn ich über meine Beziehungsverhinderer nachdenke. Auch die werde ich sicherlich mit Oma und Tante Inge diskutieren.

„Wenn in eurem Unterbewusstsein eine klare Idee davon ist, warum ihr euer Ziel nicht erreichen könnt oder dürft, dann könnt ihr euch visionieren, was ihr wollt. Es kann gar nicht ankommen. Wie soll das auch gehen? All eure Überzeugungen strahlen nach außen und stoßen eure Ziele und Herzensvisionen ab. Ich darf euch also wieder ein paar Fragen geben, die ihr euch stellen dürft. Was denkst du denn tief in deinem Inneren wirklich über dein Thema? Was sind deine ehrlichen Gedanken zu Geld? Zu einer erfüllten Partnerschaft? Zu deiner Berufung oder einem gesunden Körper? Seid da bitte unbedingt ehrlich zu euch. Nur so könnt ihr entdecken, ob und welche Erfolgsverhinderer da in euch stecken. Weitet das gerne dann auch aus. Was haben eure Eltern zu dem Thema gesagt und vor allem, was haben eure Eltern euch da auch vorgelebt?"

Die letzte Frage trifft mich wie ein Stein ins Gesicht. Die Beziehung meiner Eltern war eine absolute Katastrophe. Ich kann mich an kaum eine schöne Begebenheit in meiner Kindheit erinnern, die nicht durch einen Streit oder wenigstens Vaters Geschrei zerstört wurde. Wie soll ich denn das jemals auflösen?

„Wenn ihr da keine guten Vorbilder hattet, kann es sein, dass sich in euch Glaubenssätze festgesetzt haben wie: Erfüllte Beziehungen gibt es nicht oder Liebe tut weh. Diese Glaubenssätze lösen weitere Gedanken und Gefühle aus, die es euch schier unmöglich machen eure Vision zu erreichen."

Na schönen Dank. Und jetzt?

„Dann seht ihr natürlich auch nur noch das, was eure An-

nahme auch noch bestätigt und diese Bestätigungen ver-
festigen euren Glaubenssatz."

Ich glaube, ich fange gleich an zu schreien.

„Dabei kann die Welt aber auch eine ganz andere sein.
Aber durch diese Brille, die dir deine Glaubenssätze auf-
setzen, ist dein Blick verzerrt. Die müssen wir also abneh-
men und ganz genau prüfen. Also, was sind das für Gedanken und Gefühle? Mach dir klar, was es in dir denkt.
Sucht euch neue Vorbilder, formuliert neue Glaubenssätze, um euch auf eure Vision auszurichten. Vielleicht
stinkt Geld ja gar nicht? Vielleicht ist es einfach nur Energie. Eine wunderbare Energie, die zu dir und durch dich
fließen kann. Schauen wir mal in einen anderen Lebensbereich, in das Thema Beziehungen:"

Ja bitte! Ich brauch dringend Hilfe, nicht mehr die ver-
korkste Ehe meiner Eltern als Zwangsvorbild zu sehen.
So kann das ja nichts werden!

„Du wünschst dir einen Partner oder eine Partnerin, mit
der du glücklich sein kannst? Dann ist es wichtig, dass
du genau überprüfst, was du jetzt über Liebe und Partnerschaft, über Männer und Frauen denkst. Denn das,
wovon du dir sicher bist, dass du es in einer Beziehung
findest, ziehst du an, obwohl es noch viel mehr gibt."

∞

Ich stehe auf dem Innenhof und atme tief ein und aus.
Mir wurde plötzlich speiübel und ich habe den Saal quasi
fluchtartig verlassen. Jetzt bin ich hier, mit den Händen
auf den Oberschenkeln und versuche, gleichmäßig zu at-

men. „Ist alles in Ordnung?", höre ich eine Stimme hinter mir. Als ich mich umdrehe, sehe ich Petra. Die Coachin mit den kurzen, grauen Haaren.

„Ja, mir ist nur plötzlich nicht so gut."

„Etwas, das du gegessen hast oder etwas, das du gehört hast?" Ich stelle wieder fest, ihre Intuition ist ein Präzisionswerkzeug.

„Ich glaube eher Letzteres." Ich spüre noch immer eine innere Hemmung meine Gedanken zu teilen, aber ich möchte mich öffnen, auch wenn es herausfordernd für mich wird. „Möchtest du reden?", fragt mich Petra und ich nicke sofort. Wir steuern auf eine Bank im Schatten zu und setzen uns. Petra lässt mir Zeit, meine Gedanken zu sammeln, bis ich, erst stockend, dann immer flüssiger, erkläre, was mich beschäftigt. „Mich haben die Ausführungen über Glaubenssätze, diese Erfolgsverhinderer unheimlich mitgenommen. Der Lebensbereich, in dem sich in Zukunft bitte ganz viel verändern darf, ist Liebe und Beziehung. Mir ist eben erst klar geworden, wie viel ungesunden Mist ich da aufgenommen habe. Die Beziehung meiner Eltern war eine absolute Katastrophe. Und das sind jetzt meine Beziehungsvorbilder. Dann kann ich gleich vergessen, jemals eine erfüllte Partnerschaft zu führen." Ich spüre Tränen auf meinem Gesicht.

Petra zieht wieder nur eine Augenbraue hoch, als sie mich freundlich anschaut. „Warst du lang genug im Raum, um zu hören, dass wir alle die Möglichkeit haben, diese Glaubenssätze auch wieder aufzulösen? Du bist nicht für immer das hilflose Opfer der Beziehung deiner Eltern.

Der Gedanke ist unproduktiv und du überschätzt die Macht deiner Eltern. Ich kann verstehen, dass die negativen Vorbilder, die du gesehen hast, dich mitnehmen und traurig machen. Vielleicht lösen sie sogar Angst in dir aus, dass du niemals selber in der Lage sein wirst, eine erfüllte Beziehung zu führen. Aber ich bin absolut sicher, dass du da raus kommst und ganz sicher etwas anderes kreieren kannst, auch wenn du vielleicht einiges ungutes über Beziehungen in dir abgespeichert hast. Du hast es in der Hand. Du kannst es beeinflussen. Du bist für deine Beziehung verantwortlich. Niemand sonst. Ich weiß, bei diesen Seminaren gibt es eine Menge Neues zu verarbeiten. Aber wenn du eine wichtige Lektion mitnimmst, dann diese. Denn sie lässt sich für alle Lebensbereiche anwenden. Jedem können schlimme Sachen passieren. Es ist an dir, diese Dinge nicht dein Leben bestimmen zu lassen. Auch deine Kindheit ist immer eine Geschichte, die du rückblickend schreibst. Wenn du dir immer wieder sagst, dass alles schlecht war, dann wirst du dich auch an das schlechte erinnern."

Ich nicke nur. „Es ist ja schön mir vorzustellen, dass ich diesen Einfluss habe, aber ich bin mir nicht sicher, ob das für mich stimmt. Ich fühle mich, gerade jetzt wieder, wie ein Blatt im Wind."

„Oh, da sind wir aber wieder ganz tief in deinen negativen Glaubenssätzen. Diese Überzeugung, dass du machtlos bist, allen Launen der Welt ausgesetzt und hilflos – hast du eine Idee, wo sie herkommt?"

„Keine Ahnung," antworte ich fast trotzig. Ja, Petra ist das falsche Ziel für diesen Trotz, aber ich fühle mich gerade wieder vollkommen übermannt. Das Gefühl machtlos zu sein überschwemmt mich, wie eine riesige Welle und wenn ich gerade glaube, gleich wieder Luft zu bekommen, reißt mich die nächste Welle wieder um.

„Ich glaube, du hast eine gute Ahnung. Folge einfach deinem ersten Impuls. Was für ein Gefühl ist es gerade, dass dich so wütend und hilflos macht?"

„Ich habe Angst!", schreie ich ihr entgegen. „Ich bin vollkommen alleine, alle sind mit sich selbst beschäftigt, niemand sieht mich!" Ich atme tief ein. Diese verletzte, hilflose Stimme aus meinem Inneren, die verzweifelt danach schreit gesehen zu werden, hat sich einfach Bahn gebrochen. Zurück an die Oberfläche, an der sie offensichtlich schon lange nicht mehr war. Die Stimme, die in mir schreit, ist nicht meine. Nicht mehr. Aber ich kenne sie gut. Sie war mal meine, vor langer Zeit. „Ich will doch einfach nur gesehen werden", weine ich. Petra legt ihren Arm um mich und ermutigt mich, die Gefühle da sein zu lassen. „Shhh, atme mal ganz tief und ruhig ein. Deine Trauer ist okay, lass sie zu. Du darfst sie fühlen. Es ist alles in Ordnung." Es kommt mir widersinnig vor, meine Trauer zu fühlen, anstatt sie zu unterdrücken, aber es funktioniert. Die Tränen fließen mir über die Wangen, aber ich entspanne mich immer mehr. Die Traurigkeit, die ich vorher als Schmerz gefühlt habe, ist jetzt fast wohlig und schön. Langsam verstehe ich, was die Coaches mit loslassendem Fühlen meinen. „Erinnerst du dich an unseren ersten gemeinsamen Nachmittag? Da haben wir schon mal kurz über deine Glaubenssätze gesprochen. Darüber, dass du immer glaubst, für das Wohlergehen aller anderen verantwortlich zu sein?"

Ich schniefe und wische mir über die Augen. „Ja. Wir haben diesen Satz umgedreht. Ich bin für mein Wohlergehen verantwortlich."

„Genau und du machst das schon so wunderbar. Du bist hier, du kümmerst dich, du hinterfragst. Du kannst so unheimlich stolz auf dich sein. Diese Wut und der Trotz und alles, was du gerade empfindest, sind vollkommen normale und gute Emotionen. Du beginnst die stinkenden alten Haufen am Wegesrand wegzuräumen. Natürlich ist das nicht schön. Du ziehst den belastenden Müll aus deinem Lebensfluss, da kommen ein paar unverarbeitete Dinge zum Vorschein. Aber das ist okay. Das ist völlig normal, ja es gehört auf dem Weg in die Selbstwirksamkeit und Freiheit sogar dazu. Lass es einfach liebevoll zu."

Dass Petra auf meinen Ausbruch nicht mit Aggression antwortet, sondern mit liebevoller Unterstützung, bringt mich erstmal aus dem Konzept. Mein Vater hätte mindestens meine Zimmertür zugeschlagen, wenn ich so vor ihm ausgeflippt wäre. Als ich das Petra sage, lächelt sie nur. „Ich habe schon ganz andere Ausflipper erlebt. Und du darfst deiner kleinen, inneren Anna auch immer wieder sagen, dass es okay ist, wenn sie mal wütend ist und dass du sie trotzdem lieb hast. Du hast deine Gefühle eben zuerst als dein inneres Kind und dann als die Erwachsene gefühlt. Wir können die Gefühle nur transformieren, wenn wir aus dem Kind aussteigen und dann bejahend fühlen."

„An dem Abend nach unserer Session habe ich die Selbstliebemeditation mitgemacht. Da hatte ich schon all meine verletzten Vergangenheits-Annas im Arm. Ich schätze mal, mit einer Umarmung ist das Thema nicht erledigt."

„Nein, da dürfen noch ein paar folgen. Du hast diese Wege über viele Jahre hinweg in deinem Kopf festgetreten. Bis da wieder etwas drüber gewachsen ist, dauert es vielleicht ein wenig. Aber du bist auf einem ganz wunderbaren neuen Pfad."

Ich bedanke mich bei ihr und spüre, wie es sich friedlich in mir anfühlt. Unglaublich, wie Petra es geschafft hat, mich anzuleiten, diese Gefühle zu fühlen. Ich habe wirklich das Gefühl, dass sich etwas gelöst hat. Der Theatergong ertönt. Der Vormittag ist schon vorbei. Petra und ich machen uns auf den Weg zum Speisesaal, aber ich habe keinen Hunger. Ich biege vorher ab und gehe auf mein Zimmer, werfe mich aufs Bett und schlafe sofort ein.

∞

Als ich aufwache, bin ich mir nicht sicher, ob ich fünf Minuten oder fünf Stunden geschlafen habe. Ich fühle mich wie neu. Ganz anders als vorher. Leichter, entspannter und neugierig, und ich frage mich, wo die anderen sind. Etwas verloren tappe ich aus meinem Zimmer und schaue mich in den Gängen um. Ich höre zwar leises Murmeln, sehe aber keine anderen Teilnehmenden. Wo sind denn alle?

Schließlich komme ich an einem kleinen Raum vorbei, in dem einige Leute zusammensitzen. Es scheint eine geführte Meditation zu sein. Ich höre die klingende Musik. Direkt neben der Tür sitzt Ben. Als er mich erblickt, steht der leise und vorsichtig auf, tritt aus der Tür, nimmt meine Hand und zieht mich durch den Gang hinaus auf die Terrasse. „Da bist du ja endlich, ich hab mir schon Sorgen gemacht. Petra meinte, wir sollten dich ruhig mal ne Weile schlafen lassen. Aber Elena hat sich auch schon gefragt, was mit dir los ist."

Es ist schön zu wissen, dass sich hier Leute um mich sorgen. „Tja, bei all den Durchbrüchen, die ich ja schon hatte, hat mich heute doch etwas nochmal vollkommen aus der Bahn geworfen. Aber im Positiven. Petra hatte Recht, der Schlaf hat mir gutgetan. Auch wenn ich jetzt vollkommen verspult bin und nicht mal weiß welches Jahr wir gerade haben."

„Keine Sorge, es ist immer noch das gleiche Jahr. Es waren nur zwei Stunden, die du geschlafen hast, Dornröschen."

„Immer noch lang genug. So ein Mist. Ich wollte doch eigentlich noch so viel mitnehmen heute Nachmittag."

„Ohne dir zu nahe treten zu wollen, aber so wie du aussiehst, hat dich der Vormittag schon genug mitgenommen. Komm, lass uns einen Kaffee trinken und dann kannst du mir ganz in Ruhe erzählen, was los ist."

Ich bin mir gerade nicht sicher, ob Ben der beste Ansprechpartner für mein aktuelles Thema ist. Allerdings ist mir gerade fast jede Ausrede recht, um mit ihm Zeit zu verbringen. Auf der einen Seite denke ich mir natürlich, dass durch die

Entfernung unserer Wohnorte niemals eine tatsächliche Beziehung zu Stande kommen kann. Auf der anderen Seite frage ich mich, ob das jetzt überhaupt das Ziel sein muss. Vielleicht kann ich einfach eine schöne Zeit mit einem netten Menschen verbringen. Wir holen uns den Kaffee und setzen uns auf die Terrasse, die vollkommen leer ist. „Möchtest du mir erzählen, was los war?", fragt er mich mit seiner Samtstimme und dem Lächeln mit der kleinen Zahnlücke zwischen den Vorderzähnen. „Ich wurde heute Vormittag einfach ganz krass mit einem Glaubenssatz konfrontiert, der ganz tief in mir verwurzelt ist. Mir war zwar irgendwie bewusst, dass er da ist, aber als er sich so Bahn brach, war ich überfordert. Jetzt ist er für mich ganz klar und ich werde die nächste Zeit aufwenden, ihn aufzulösen."

„Das ist ein guter Plan."

„Danke, das dachte ich mir auch."

„Es geht halt alles leider nicht immer so schnell. Es ist ein Prozess."

„Ja, das habe ich gemerkt. Aber es tut gut."

„Ich habe auch gerade unheimlich mit meinen Themen zu tun. Ich bin so erleichtert, dass ich sie erkannt habe, aber Veränderungen brauchen eben auch Zeit. Das geht nicht so schnell."

„Darf ich fragen, was es bei dir ist?"

„Beziehung, Selbstwert, der ganze Bereich. Und das ist gerade ganz besonders kompliziert."

Wir sitzen wieder so nah aneinander, dass ich seine Wärme durch das T-Shirt spüre. Nur eine dünne Schicht Stoff trennt unsere Haut voneinander. Vollkommene Schmetterlingseskalation in meinem Bauch.

„Warum ist das jetzt besonders kompliziert?"

Er windet sich regelrecht, bevor er antwortet. „Ich bin hier zu diesem Seminar gefahren, um mich vor allem mit mir selber auseinanderzusetzen. Mit der Frage, warum ich mich in Beziehung so schnell selber aufgebe und Dinge tue, die nicht gut für mich sind. Ich habe mir ganz fest vorgenommen, nichts Neues anzufangen, bis ich nicht all meine alten Themen aufgelöst habe."

„Und dieser Vorsatz ist jetzt gefährdet?", frage ich und kann die atemlose Aufregung in meiner Stimme selber hören. Seine rechte Hand liegt auf seinem Oberschenkel direkt neben meiner linken Hand, die auf meinem Oberschenkel liegt. Sie sind nur wenige Millimeter voneinander entfernt. Während ich auf unsere Hände starre, sehe ich, wie sein kleiner Finger sich bewegt. Ganz langsam. Wie in Zeitlupe. Bis er schließlich meinen kleinen Finger berührt. Sanft streicht der kleine Finger seiner rechten Hand über den kleinen Finger meiner linken Hand. Diese Berührung allein löst in mir ein Herzklopfen aus, wie ich es schon lange nicht mehr erlebt habe. Ein paar der Schmetterlinge in meinem Bauch sind durch die Erschütterung wahrscheinlich ohnmächtig geworden. Ich greife seine Hand. Ich nehme seine Hand in meine Hand und halte sie fest. So sitzen wir schweigend nebeneinander. Hand in Hand.

Ich möchte irgendetwas sagen, aber ich möchte diesen Moment nicht kaputt machen. Also lehne ich meinen

Kopf zu ihm herüber, bis meine Schläfe seine Schulter berührt und spüre, wie er seine Wange sanft auf meinen Kopf legt. Dann fühle ich seine weichen Lippen auf meiner Stirn, wie sie mir einen Kuss aufdrücken. Er wendet sich mir zu und seine linke Hand streicht vorsichtig über mein Gesicht, meinen Hals, meine Schulter. Dann löst sich seine Hand aus meiner Hand und beide legen sich um mein Gesicht. Er schaut mir in die Augen und flüstert leise „Darf ich?" Nachdem ich nicke, küsst er mich.

∞

„Christian schuldet mir 20 Euro!", begrüßt mich Elena beim Abendessen. „Bist du unter die Kredithaie gegangen?", frage ich sie. Ich bin mir nicht ganz sicher, wohin sie mit dieser Aussage möchte.

„Er meinte, Ben und dein erster Kuss würde kurz vor der Abreise stattfinden. Einer von euch würde aus dem anfahrenden Auto springen, um sich dramatisch vor das Auto des anderen zu werfen. Und dann, mit dem Applaus aller drumherum, gäbe es dann einen spektakulären ersten Kuss zwischen euch. Und irgendwo spielt ein Streichorchester."

„Ich weiß nicht, ob mich mehr verstört, dass ihr auf uns wettet, oder dass Christian so eine absurd-kitschige Geschichte erfindet."

„Hab Nachsehen mit dem Armen, er hat kleine Kinder. Alle Geschichten, die er gerade so konsumiert, haben tanzende Frösche oder singende Mäuse und knutschende Prinzessinnen in sich. Natürlich kommen da solche Ideen."

„Halt warte mal", stoppe ich Elena. „Worauf hast du gewettet?"

„Na darauf, dass ihr euch vorher schon küsst. Mir war klar, dass ihr nicht bis zum letzten Tag warten könnt."

Ich bremse sie wieder. „Es war dir klar?" „Also Anna, ich möchte dir keine Illusionen rauben, aber deine Schmachtblicke in seine Richtung und seine Schmacht-blicke in deine Richtung waren für niemanden zu überse-hen. Ich glaube, sogar die Coaches auf der Bühne haben sie ganz genau gesehen. Aber mal ernsthaft", sie nimmt meine Hand und drückt sie kurz. „Ich freue mich sehr für dich. Und jetzt fang bloß nicht wieder an mit ‚Ich will mich doch erst auf mich selbst konzentrieren'. Du kannst beides haben. Du kannst an dir selber und an einer Be-ziehung arbeiten."

„Ich möchte gar nicht über eine Beziehung nachdenken. Die traurige Wahrheit ist, dass Ben und ich unglaublich weit auseinander wohnen. Wie soll denn das gehen?"

„Da findet sich immer ein Weg. Du hörst erst mal auf, Gründe zu suchen, warum das nicht gehen sollte. Lass dich einfach darauf ein. Und jetzt, nachdem du den gan-zen Nachmittag mit Knutschen verbracht hast, genießt du mit mir jetzt hier das allerletzte Abendessen auf der Terrasse, hast einen schönen Abend und gehst dann früh ins Bett. Alleine! Morgen nach der gemeinsamen Medi-tation ist schon wieder Abfahrt. Und ich werde dich ver-missen!"

„Ich werde dich auch vermissen, Elena! Ich habe mir im-mer eine Freundin gewünscht wie dich!"

„Ach du Zuckerpuppe!" Sie nimmt mich in den Arm. Ich bin seit Jahren nicht mehr so viel umarmt worden!

∞

Der letzte Tag fliegt an mir vorbei. Wie jeden Morgen zuvor schäle ich mich gerade aus dem Bett, als Bea voller Energie von ihrem morgendlichen Lauf ins Zimmer trabt. Ich werde ihre Energie vermissen. Auf dem Weg zum Frühstück nehme ich meinen Koffer mit und stelle ihn bei den anderen ab. Die Eingangshalle sieht wieder aus wie am ersten Tag. Kaum zu glauben, dass das erst vier Tage her ist. Es fühlt sich an, als lägen mindestens 100 Jahre dazwischen. Nicht nur habe ich in den letzten Tagen viel über mich gelernt, aber ich weiß nun auch, wie viel ich noch weiterhin lernen darf.

Vor dem Eingang zum Frühstücksraum entdecke ich Ben, der dort steht und sich suchend umsieht. Sofort sind die Schmetterlinge wieder da. Als er mich entdeckt, breitet sich ein strahlendes Lächeln auf seinem Gesicht aus – was mir natürlich nur noch mehr Bauchkribbeln einbringt. Gibt es etwas Schöneres, als zu sehen, dass man der Grund für das Lächeln eines anderen ist? Die letzten Schritte zu ihm fühlen sich endlos an. Als ich dann vor ihm stehe, weiß ich nicht so recht, was ich machen soll. Ich möchte ihm nicht hier vor allen einen Kuss geben. Aber andererseits möchte ich ihn unheimlich gerne küssen.

„Hey", sagt er und scheint dabei auch hilflos. Dann nimmt er mich kurz in den Arm. Kein Kuss, aber schön.

„Selber hey."

„Anna, ich wollte dir einfach sagen, dass mir das gestern echt viel bedeutet hat. Aber ..."

Oh mein Gott, was denn aber? Mir wird ganz schlecht. Hat er doch kein Interesse an mir?

„ ... ich kann verstehen, wenn dir das alles gerade zu viel ist, du hast ja auch gerade mit dir zu tun. Wir leben ja auch voll weit auseinander und so." Er wischt sich mit der Hand über den Nacken und es sieht so aus, als wäre der nächste Satz schwer für ihn. „Ich möchte dich unheimlich gerne wiedersehen. Aber nur, wenn das wirklich okay für dich ist."

Erleichterung, Euphorie. Mir ist egal, wer schaut. Ich küsse ihn jetzt. Er scheint kurz überrumpelt, als ich mich auf die Zehenspitze stelle und meine Lippen auf seine lege, aber er erwidert meinen Kuss und jetzt stehen wir knutschend vor dem Eingang zum Speisesaal. Wenn wir das auf die Leinwand im Seminarsaal hätten übertragen lassen, wäre es wahrscheinlich dezenter gewesen. Aber das ist mir jetzt egal.

Bens und meine Geschichte endet nicht hier. Elenas und meine Geschichte endet nicht hier und auch Carl wird mich ab jetzt erstmal nicht loswerden. Dieser Moment ist perfekt und ich bin voller Dankbarkeit.

ZURÜCK

atürlich hatte man mir während des Seminars immer wieder gesagt, dass ich auch danach weiter an mir und meiner Selbstliebe arbeiten darf. Das war mir klar, ich bin ja nicht von gestern. Leider stelle ich nach einer Weile fest, dass mir das in der Praxis gar nicht so leicht fällt. Als die erste Absage auf meine Bewerbung in meinem E-Mail-Postfach aufleuchtet, dröhnt es wieder in meinem Kopf: DU BIST NICHT GUT GENUG. Aber hier kann ich mich wieder hochrappeln, meinem Kopf sagen: Nein, wir verfallen nicht wieder in diesen Modus. Ich bin es wert, geliebt zu werden, vor allem von mir selbst. Eine Ablehnung als Arbeitnehmerin ist keine Ablehnung von mir als Mensch. Ich erinnere mich an die fünf Schritte, die wir im Seminar gezeigt bekamen, um in die Selbstliebe zu kommen. Schritt Nummer fünf, den wir direkt am ersten Tag besprachen, waren die Ressourcen, die mich unterstützen, mich stabilisieren, den Stress und die Not in mir mindern und auf die ich jederzeit zurückgreifen kann, wenn es mal herausfordernd wird. Am ersten Tag fiel mir nichts ein, das nicht von außen kam. Ich erinnere mich noch an dieses Gefühl. Aber im Laufe des Seminars haben wir gemeinsam eine Art Ressourcenkoffer entwickelt. Also, was könnte also jetzt eine Ressource sein, die mich stabilisiert, mir hilft, mich wieder positiv auszurichten. Ich erinnere mich an das ruhige und tiefe Atmen, das ich mir vorgenommen hatte, das Erden meiner Füße auf dem Boden und ich könnte mir eine schöne Musik anmachen, mein inneres Kind gerade jetzt in mein Herz nehmen, oder Elena kurz anrufen, damit sie mich beruhigt. Aber die dröhnende Stimme in meinem Kopf verschwindet nicht. Sie zieht sich nur in den Hintergrund zurück, bis sie mir eines Tages ein Bein stellt und ich hart auf dem Boden aufschlage.

∞

Der Tag war so schön. Die Herbstsonne schien, ich harkte in Omas Garten die Blätter zusammen und häufte große Luxusvillen für überwinternde Igel zusammen. Die Luft duftet nach Laub, ein kühler Wind weht und plötzlich, ganz unvermittelt, trifft es mich. Meine Gedanken schweifen umher und dann denke ich über all die Dinge nach, die ich erreichen möchte. Daraus entwickelt sich schnell, neben dem Druck, den ich deutlich in mir fühlen kann, ein intensives Nachdenken über die Dinge, die ich bisher noch nicht erreicht habe und dann Verzweiflung darüber, dass ich sie wohl auch nie erreichen werde. Ich stelle den Rechen wieder in den Schuppen und gehe zurück in meine kleine Wohnung. Ich schaffe es gerade noch, meine matschigen Gummistiefel am Eingang auszuziehen, bevor ich auf die Couch falle. Das Gefühl, jede Energie verloren zu haben, wieder vollkommen ausgelaugt zu sein, ist kurz, aber heftig.
Es ist so simpel, so komfortabel, wieder hier zu verschwinden und mich in meinen Kokon einzurollen. Dort bin ich geschützt vor der bösen Welt, die nur neue Enttäuschung und Ablehnung für mich bereithält. Da bleibe ich doch lieber bei meinen alten und bekannten Enttäuschungen

und Ablehnungen! In diesem Moment ist es für mich ganz klar, dass ich keine Chance habe, jemals wieder auf die Füße zu kommen. Wer sollte mich schon wollen? Als Angestellte, als Partnerin, als Mieterin seiner Wohnung? Niemand, oder? Es ist erschreckend, mit welcher glasklaren Ruhe ich in diesen Momenten zu dem Schluss komme: Niemand will mich und ich verstehe das. Ich bin es nicht wert. Ich bin nicht gut genug.

Glücklicherweise habe ich gelernt, mit dieser Stimmung umzugehen, auch wenn es noch immer schwer ist, damit zu beginnen. Ich nehme den Schreibblock zur Hand, den ich während meines Seminars befüllt habe. Auf der ersten Seite steht „Die wichtigste Liebesaffäre deines Lebens ist mit dir", daneben sind ein paar Herzchen gemalt mit rosa Marker. Das war Elena, die am ersten Nachmittag, als ich noch nicht wusste, wohin mit mir und ob ich dort richtig bin, neben mir saß. Ein Lächeln zieht über mein Gesicht. Hier drin ist er – mein Ressourcenkoffer. Meine Gut-tu-Sammlung. Mein Rettungsring. Als ich auf die nächste Seite blättere, finde ich die Liste mit Dingen, die ich an mir mag und die mir helfen mich zu lieben, auch wenn keine Liebe aus dem Außen kommt. Ich liebe meine Liebe zu meiner Familie.

Im Stockwerk über mir laufen Oma und Inge auf und ab. Ich kann sie hören. Für diese beiden bin ich so dankbar und darauf möchte ich mich jetzt konzentrieren. Wie dankbar ich für diese Liebe bin.

Ich gebe mich in schweren Situationen nicht auf.

Nein! Manchmal bin ich vielleicht kurz davor, aber bisher habe ich nicht aufgegeben und das habe ich auch weiterhin nicht vor. Ich klappe den Block wieder zu, sinke von der Couch auf den Fußboden und fange an zu weinen. Aber nicht aus Verzweiflung. Aus Dankbarkeit. Für die Erfahrungen des letzten Jahres, meine Familie und meine neuen Freunde, für meine Coaches und all die schwierigen Erkenntnisse, die ich gewonnen habe. Ich bin schon so weit gekommen, ich lasse mich jetzt nicht mehr zurückwerfen.

Ich schließe die Augen und konzentriere mich auf diese Gefühle in mir, die Liebe und meinen Willen weiterzumachen. Ich atme in sie hinein und lasse sie sich ausweiten, wie einen Luftballon, bis sie immer größer und größer werden, den Raum füllen, dann das Haus und alle Menschen, die ich liebe, umschließen. Meine Liebe und mein Willen sind stark, groß und unbesiegbar. Als es mir wieder besser geht, nehme ich den Block wieder zur Hand. Auf der letzten beschriebenen Seite geht es um meine Vision, dahinter steckt der Zettel, den Andreas uns gegeben hat, um Schritt für Schritt unsere Vision zu entwickeln und zu überprüfen. Auf der Seite davor ist mein Wertesieb, das ich nach meinem Spaziergang mit Ben aufgemalt habe. Alle Entscheidungen möchte ich an meinen Werten ausrichten. Während ich auf diese Seite schaue, fällt es mir plötzlich auf – natürlich konnte das mit den Jobs nichts werden. Ich habe mich halbherzig auf Stellen beworben, die zwar meiner Ausbildung, aber nicht meiner Leidenschaft, meinem authentischen Ich entsprechen. Mir wird in diesem Moment klar, dass ich mich vollkommen neu aufstellen muss. Ich brauche eine berufliche Perspektive, die jetzt zu mir passt!

Seitdem ich wieder aus Italien zurück bin, schreiben Elena und ich uns fast täglich und auch jetzt greife ich nach

meinem Smartphone. „Ich brauche einen neuen Job!",
schreibe ich. Sie antwortet fast sofort, „Was hast du nochmal zuletzt gemacht?"

„Büromanagement für E-Commerce in einem B to B Un-
ternehmen für Bürobedarf." „Wow. Das passt überhaupt
nicht zu dir." Da hat sie Recht. Aber was soll ich denn jetzt
darauf antworten?

„Stimmt. Jetzt ist es endlich mal an der Zeit zu schauen,
was ich wirklich machen möchte ..."

Ich lege das Smartphone zur Seite. Meine Aufgabe ist es
jetzt, zu finden, was ich mit meinem Leben machen will.
Dann piept es wieder. Aber die Nachricht ist nicht von
Elena. Sie ist von Ben.

∞

Nach dem Abendessen sitze ich mit Oma Eva und Tante Inge zusammen, so wie fast jeden Abend. Doch heute
bin ich mit meinen Gedanken ganz woanders, und als
die liebevollen Verwandten, die sie nun mal sind, merken
Oma und Tante Inge das natürlich sofort. „Sag mal Darling, woran denkst du gerade?", fragt mich Tante Inge mit
ihrer tiefen Marlene Dietrich Stimme. „Ich habe mir viele
Gedanken in letzter Zeit gemacht über die Beziehungen
in meinem Leben. Und die Beziehungen, die ich erlebt
habe, die mich geprägt haben. Ich weiß ihr habt es wahrscheinlich schon lange satt, von meiner Seminarwoche
in Italien zu hören, aber dort sind einfach so viele Dinge
angestoßen worden." „Nein mein Schatz", sagt Oma Eva
zu mir, „das haben wir noch lange nicht satt. Wir merken
jeden Tag die Auswirkungen, die diese Zeit auf dich hat

und sind unendlich dankbar dafür. Also schieß los."

„Wir haben dort über die fünf Schritte in die Selbstliebe gesprochen. Die bauen alle aufeinander auf, vielleicht sind es auch eher Stufen ... Aber egal, zu allererst dürfen wir unsere Glaubenssätze entdecken. Also tiefe Überzeugungen, die in uns sind. Die unterbewusst all unsere Entscheidungen im Leben beeinflussen können. Meine Glaubenssätze, an denen ich gerade arbeite, sie zu überwinden, sind: Ich werde nicht gesehen. Ich werde nur geliebt, wenn ich mich um andere kümmere. Ich bin allein."

„Oh mein Schatz, das ist ja furchtbar!", ruft meine Oma. Sie schwebt in ihrem Kaftan um den Tisch und schlingt ihre Arme um mich. Die Armreifen an ihren Handgelenken klappern in meinen Ohren und der Geruch nach Patschuli steigt mir in die Nase. „Ach Oma nein, das ist gar nicht so furchtbar. Es ist gut, dass ich das endlich weiß. Jetzt habe ich überhaupt erst die Möglichkeit, sie aufzulösen. Es ist nämlich tatsächlich etwas sehr Schönes passiert." „Oh was denn? Erzähl mir alles!", meine Tante Inge beugt sich neugierig über den Tisch. Meine Oma drückt mir noch einen Kuss auf den Scheitel und setzt sich wieder, als ihre Schwester versucht, sie mit der Hand davon zu wedeln.

„Ich habe euch doch erzählt von Ben. Den ich auch bei dem Seminar kennengelernt habe. Nun, wir stehen ja seitdem immer in Kontakt und wir werden uns nächste Woche sehen. Er hat ein Jobangebot hier ganz in der Nähe. Wenn er das annimmt, trennen uns nicht mehr 600 km und das ist ein absoluter Traumjob für ihn, auch wenn ich immer noch nicht verstehe, was er tut. Er sagte, er nimmt es nicht an, wenn ich mich dadurch bedrängt fühle", ich spüre wieder die Schmetterlinge in meinem Bauch. „Ich wünsche mir so sehr, dass er hier in die Nähe kommt und wir so eine echte Chance auf eine gemeinsame Zukunft haben. Ich war bestimmt noch nie so verknallt wie jetzt. Allerdings macht mir das auch Angst. Ich arbeite einerseits an diesen Glaubenssätzen, aber ich denke auch zurück an die Beziehungen, die ich bisher geführt habe. Ich möchte dieselben Fehler nicht noch einmal machen, wenn sich die Gelegenheit einer Beziehung mit Ben ergibt."

„Das ist aber schon sehr weit gedacht! Wie steht er denn zu dir?", fragt meine Oma, als sie sich wieder auf ihren Platz gesetzt hat. Ich spüre, wie mir die Röte ins Gesicht steigt.

„Also, als wir uns das letzte Mal gesehen haben ..."

Meine Oma hebt die Hand, „Alles gut. Mehr Details brauche ich nicht, dein Gesichtsausdruck reicht." Inge grinst mich breit an. Sie wird später sicherlich noch ein paar Details hören wollen. Wenn ich an ihre Geschichten aus Paris zurückdenke, kommen mir meine Eskapaden ziemlich zahm vor. Aber das ist es nicht, was mich beschäftigt. „Was ist es denn in deinen Glaubenssätzen und den Erinnerungen an andere Beziehungen, das dich davon abhält dich auf diese Beziehung einzulassen?", fragt Oma. Ich zögere kurz, bis ich ihr antworte. Ich möchte sie nicht verletzen.

„Ich verstehe einfach bis heute nicht, wie meine Mutter bei so einem Choleriker wie meinem Vater landen konnte, wenn sie doch mit Opa Günther so ein liebevolles Vorbild hatte. Ich möchte diesen Fehler nicht wiederholen. Ich habe zwar gelernt, dass wir unsere Beziehungsvorbilder überwinden können, aber sie prägen uns ja schon." Ich sehe, wie Omas Gesicht versteinert und sie einen Blick zu ihrer Schwester wirft. Inge zündet sich eine Zigarette an und machte eine Geste, als wollte sie sagen „Bitteschön Eva, nach dir!"

„Weißt du mein Schatz," beginnt meine Oma, „Günther war ein ganz wundervoller Opa für dich. Aber er war kein guter Ehemann und auch leider kein guter Vater. Du kennst die Geschichte, wie wir uns kennengelernt haben? Die Reise nach Frankreich und die zwei jungen Verliebten, die danach wieder zusammengefunden haben, um zu heiraten? Das passierte nicht gänzlich freiwillig." Sie seufzt tief und schaut an die Decke. „Ich kam schwanger aus Frankreich zurück. In einer Zeit, in der ein anständiger junger Mann dann Verantwortung übernahm für den Fehler, den er gemacht hatte. Ich war schwanger, und Günther hat mich geheiratet, weil es sich so gehörte. Wir waren aber beide nicht glücklich miteinander. Das führte zu ganz viel Wut, gegen mich und gegen deine Mutter. Sie hat auch unsere Streitereien öfter mitbekommen, als mir lieb war. Als sie dann deinen Vater heiratete und Günther sah, dass dieser seine Tochter genauso behandelte, wie er mich, hat er ganz viele Dinge neu gesehen. Er hat sich mit deiner Mutter Mühe gegeben, aber diese unterdrückte Wut war immer da. Das hat sie auch gespürt. Er wollte dir ein liebevoller Opa sein, weil er das als Vater nicht war." Sie macht eine Pause. Wie lange trägt sie das schon mit sich herum? „Kannst du dir vorstellen, wie schmerzhaft das für deine Mutter war? Dass ihre Tochter all die Liebe und Geduld und Wärme bekam, die sie sich bestimmt immer gewünscht hat?" Oma Eva beginnt zu weinen,

Inge streichelt die Hand ihrer Schwester. Eva wischt sich über die Augen und die Tränen meiner Oma bringen mich vollkommen durcheinander. Ich habe sie noch nie weinen sehen. „Ich liebe deine Mutter. Sie wird immer mein kleines Mädchen bleiben und zu sehen, wie verletzt sie ist, tut mir unheimlich weh. Im selben Moment bin ich so glücklich, dass du jetzt deine Chance wahrnimmst, einen anderen Weg zu gehen."

„Danke," ich nehme Omas und Inges Hände in meine, „ohne euch hätte ich das nie geschafft. Wir gehen diesen Weg jetzt gemeinsam."

∞

Als ich am Abend im Bett liege, schießt mir noch der Gedanke durch den Kopf, dass meine Chance, nun das Beziehungstrauma der letzten beiden Generationen zu überwinden, hoffentlich auch meiner Mutter und meiner Oma guttut. Hoffentlich.

Morgen werde ich meine Mutter anrufen. Es ist Zeit, einige alte Verletzungen loszulassen. In diesem Moment fällt mir ein Zettel ins Auge, der an meinem Spiegel klebt. Mein Medizinsatz! „Ich entscheide mich für mich! Und ich entscheide mich, mich selbst jeden Tag ein bisschen mehr zu lieben und mich um mein Wohlergehen zu kümmern!"

Nein, entscheide ich, es ist jetzt Zeit, alles aufzuschreiben, solange mein Gefühl noch frisch ist. Ich mache meine Nachttischlampe wieder an und nehme meinen Block vom Seminar heraus. Eine der letzten Seiten ist noch frei und ich beginne zu schreiben. Zunächst wollen die Worte nicht so richtig heraus, aber dann beginnen sie einfach so zu fließen. Ich schreibe meiner Mutter, dass ich mich so selten melde, weil ich wütend bin, aber mich nicht traue, diese Wut auszudrücken. Ich schreibe ihr, dass ich es schwer zu ertragen fand, dass ihre Darstellung meiner Kindheit sich nicht mit meinen Erinnerungen deckt. Ich schreibe ihr auch, dass ich mir wünsche, wieder mehr Kontakt zu ihr zu haben und dass wir gemeinsam Frieden in das Vergangene bringen können. Ich bin bereit und werde meinen Teil dazu tun und ich weiß, dass das oftmals schon genügt, um Frieden in das gesamte Familiensystem zu bringen. Als ich das letzte Wort aufs Papier gebracht habe, fühle ich mich 50 Kilo leichter. Ich rolle den Brief zusammen und lege ihn in mein Bücherregal. Wahrscheinlich werde ich ihn morgen verbrennen und so meine Gefühle loslassen. Da ist also Stufe Nummer vier. Frieden schließen in meinen Familienbeziehungen. Was für ein tolles Gefühl. Befreit und glücklich schlafe ich ein.

Am nächsten Morgen wache ich vom Vibrieren meines Handys auf dem Nachttisch auf. Eine SMS. Von meiner Mutter. Ich reibe mir die Augen, das kann ja nun nicht sein. Ich erinnere mich an eine Bemerkung von Andreas, dass häufig unglaubliche Dinge passieren, wenn wir beginnen loszulassen, aber das ist einfach verrückt.

Bevor ich die Nachricht lese, möchte ich mich aber erst mit meiner Morgenmeditation auf den Tag vorbereiten. Kaum zu glauben, aber das Meditieren hat mich richtig gepackt seit dem Seminar. Jeden Morgen beginne ich jetzt mit der gleichen Meditation. Ich gebe mir also große Mühe, nicht die Nachricht meiner Mutter anzusehen, sondern stattdessen die gespeicherte Website zu öffnen.

„Guten Morgen", tönt es aus meinem Handy und die warme Stimme gibt mir sofort die Ruhe, die ich jetzt brauche. Ich atme tief durch und lasse mich ganz ein. „Heute ist der Tag, an dem du deinen Morgen erschaffst! Durch deine Gedanken, durch deine Ausstrahlung, durch dein Sein, durch dein Mindset. Richte dich also aus auf diesen Tag. Schließe deine Augen und gehe mit deiner Aufmerksamkeit genau in die Mitte deiner Brust. Zu diesem emotionalen und kreativen Zentrum – deinem Zentrum. Stell dir vor, du atmest ein durch dein Herz und auch wieder aus durch dein Herz."

Ich nehme tiefe Atemzüge und konzentriere mich auf diesen Punkt, den ich so lange vernachlässigt habe. Es tut mir so gut, meine Gefühle zuzulassen und wertzuschätzen. „Erinnere dich dabei an die Energie, mit der du heute durch diesen Tag gehen möchtest. Wie möchtest du sein? Welche Eigenschaften möchtest du leben? Möchtest du mutig sein? Möchtest du in deiner Mitte sein? Möchtest du vertrauen? Möchtest du Freude und Spaß haben an diesem Tag? Wer möchtest du heute sein? Und wie würde es sich anfühlen, wenn du dort genau jetzt bist? Wir springen also in den Tag hinein und du stellst dir vor, du bist genau dort und lebst all diese Fähigkeiten, all diese Eigenschaften. Du bist positiv. Du bist im Vertrauen. Wie fühlt es sich an, genau so zu sein, wie du heute deinen Tag leben möchtest? Mit jedem Atemzug atmest du dich jetzt mehr genau in dieses Gefühl hinein, genau die Person zu sein, die du sein möchtest. Geh jetzt ganz hinein in den Tag, in die Situation und erlebe, wie es sich anfühlen würde, wenn du genau diese Eigenschaften, die dir so wichtig sind, lebst. Spüre, wie es sich anfühlt, in der Mitte dieses

Tages zu sein. Spürst du, wie es ist, Leichtigkeit zu leben, Vertrauen zu leben, Klarheit zu leben, Mut zu leben? Vielleicht siehst du dich gerade durch diesen Tag gehen – aufrecht und stabil, ohne dich hetzen zu lassen, ohne dich zu verbiegen. Kannst du sehen, wie du den Tag genießt? Wie fühlt sich das an? Sollten heute Herausforderungen auf dich warten, wie sollen diese für dich ablaufen? Gibt es ein Gespräch, ein Meeting, etwas privates oder berufliches?" Eine Antwort auf die Nachricht meiner Mutter. Das wird heute meine Herausforderung. „Wie möchtest du aus dieser Situation herauskommen? Mit einem Lächeln auf dem Gesicht? Mit dem Gefühl, dass es richtig gut gelaufen ist? Und dann geh weiter, bis an das Ende dieses Tages und spüre einmal, wie du dich ins Bett legst und sagst: Das war ein guter Tag! Spüre, wie es sich anfühlt, wenn du all die Herausforderungen des Tages geschafft hast. Fühle die Dankbarkeit, dass dir dieser Tag geschenkt wurde. Nimm diese Energie jetzt mit in den Tag. Lass es deine Ausstrahlung heute sein. Geh mit dem Gefühl in den Tag, schon alles erfolgreich geschafft zu haben! Lächel diesen Tag an! Denn dein Lächeln signalisiert deinem ganzen Körper, dass es offensichtlich etwas gibt, worüber wir uns freuen können. Halte dieses Lächeln. Ich wünsche dir jetzt einen wunderschönen Tag."

Mit den letzten Worten sinkt eine weitere Erkenntnis in mein Bewusstsein – ich habe gelernt, meine Ressourcen zu nutzen. Schritt Nummer fünf. Das Lächeln auf meinem Gesicht wird breiter. Ich lerne mich selbst zu lieben. Als ich die Augen wieder öffne, greife ich sofort nach meinem Telefon und lese die SMS meiner Mutter „Hallo Maus, ich musste gerade an dich denken. Ich hab dich lieb. Melde dich doch, wenn du Zeit hast!"

Keine Ahnung, wie lange ich jetzt auf mein Handy starre. Sie musste an mich denken? An dem Morgen, nachdem ich meine Gefühle für sie aufgeschrieben habe, um sie loszulassen? Wie verrückt! Bevor ich mich bei meiner Mutter melde, schicke ich Elena eine Sprachnachricht.

„Du wirst nicht glauben, was gerade passiert ist! Gestern Abend habe ich meiner Mutter einen Brief geschrieben, den ich heute verbrennen wollte, in dem ich all meine negativen Gefühle ihr gegenüber losgelassen habe. Heute habe ich eine Nachricht von ihr bekommen. Wir haben seit Ewigkeiten kaum noch Kontakt. Das ist doch total verrückt!"

Sie antwortet mir mit einem lachenden Emoji. Dann kommt ihre Antwort. „Mädel, ich sage es dir, es passieren manchmal so krasse Sachen! Ich hatte eine ähnliche Situation mit meinem Bruder. Lass es einfach zu. Hab dich lieb, bis bald!"

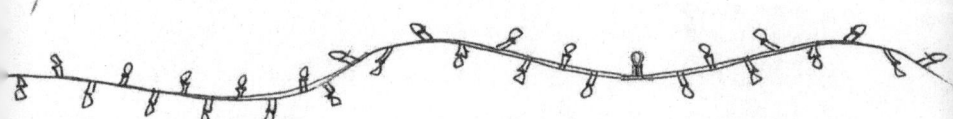

Sie hat Recht. Ich werde jetzt all die schönen neuen Dinge, die in mein Leben treten zulassen. Zum ersten Mal seit langer Zeit bin ich voller Vorfreude und Liebe, wenn ich an meine Zukunft denke, mit all ihren Geschenken und Herausforderungen.

Kostenlose Masterclass

Zum Abschluss haben wir noch ein Geschenk für dich: Dein Zugang zu einer kostenlosen Masterclass. Die Top-Coaches Christina und Walter Hommelsheim zeigen dir in 60 Minuten, was dich wirklich noch von deinen Wünschen abhält und wie deine Träume endlich Realität werden.

Du lernst in der kostenlosen Masterclass, wie du:

- alte Muster und Glaubenssätze erkennst und auflöst
- deine Ziele mit Leichtigkeit erreichst und eine wundervolle Zukunft kreierst
- weniger Stress im Alltag hast
- der Stimme deines Herzens folgst
- mehr glückliche Momente und die richtigen Menschen in dein Leben ziehst

Scanne einfach diesen QR-Code, um dabei zu sein und melde dich kostenlos an.

Wir wünschen dir viel Spaß!

Herzliche Grüße
Dein Greator Team und Christina & Walter Hommelsheim